語文教室

體育班的

主編／鍾宗憲

編撰／林曉薇、范曉雯、莊金鳳、莊淑芬、蘇于庭

運動文學選

五南圖書出版公司 印行

推薦序

　　激情、戲劇又感動的運動過程，在揪緊心情的同時，其實稍縱即逝。當自己馳騁於運動場上，或捕捉叱吒於世界盃梅西（Lionel Messi）在場上的每一刻，此種隨著形勢起伏揮灑自如、忘情叫囂、熱血沸騰、慷慨激昂的情境，相信許多人都經歷過。

　　嚴格說起來，在臺灣，體育運動成為一種文學書寫的對象，應該是在1970年代。但直至1995年，劉大任的《強悍而美麗》使用運動文學這個詞彙後，方使「運動文學」走向另一個境界，並在文學界（當然還有體育運動界）佔有一席之地。國內當然也不乏深度書寫運動文學的作者，包括曲自立、劉大任、劉克襄、張啟疆、唐諾、楊照、詹偉雄、楊南郡、黃漢青……等人，他們透過白紙黑字來證明許多曾經發生過的經典動作，不僅為歷史留住值得津津樂道的記憶，也為人們構築了運動的夢想。

　　「體育運動」的書寫，它其實是邊緣的研究／位置，是以較少學者／作家言及，這樣的現象，實是呼應臺灣體育運動的發展脈絡，是先以運動生理等科學或量化數據的知識傳遞為其主要。然而，如同龍應台在《百年思索》書中〈序〉所言，文學是「白楊樹的湖中倒影」，她認為文學可以「使看不見的東西被看見」，這種文字裡幽渺的意象，可以體認我們平常看不見的、更貼近存在本質的現實。

　　基於這樣的念想，也希望可以透過小小的努力來突破原有運動世界的想像，我在臺中商專（現為臺中科技大學）服務的同時，大膽地於2005年推動且出版學生的運動文學專屬刊物，第一年共有13件新詩作品，64件散文作品，師生們正面的回饋成為我們繼續努力及推展的原動力，至今為止，臺中科技大學仍然持續出版。轉職到臺北後，我依舊無

法忘情，復於擔任國立臺灣師範大學體育學系主任時，在2017年向全校的學生發出「邀請」，舉辦「運動文青獎」，共有94件散文作品和124件攝影作品投稿，經初選、複選及決選後公告之。現今，亦仍然進行中。

　　此次，也曾是運動選手的國文學系鍾宗憲教授主編出版《運動文學選》乙書，這源自教育部體育署因應體育班學生閱讀而起，但整體內文卻是適用任何人。內容包括知識性的運動歷史和小常識，也有豐富的導讀和賞析，正文內更有註釋以說明專有名詞，還有學習單來掌握讀者的理解程度，整體架構及目標十分完整，引導讀者思考主題架構式的脈絡，讓運動文學的閱讀更具立體化。

　　期待各位讀者藉由這些運動文學作品，觀察到各種不同的運動意義與趣味，共同豐富臺灣的文學寫作和閱讀場域。最後，讓我們一起走進運動文學的世界，細細品嘗吧！

國立臺灣師範大學體育學系教授兼學務長

林玫君

主編序

　　寫完本書的「編輯說明」，重新回顧這一年多的選編過程，看似因緣際會、水到渠成，實際上卻又是千迴百轉，宿願得償。邀請林玫君教授為本書作序時，玫君教授笑道：「怎麼會書都編好了，主編自己還沒寫編輯說明，也還沒寫序，就來邀約推薦序？」說來確實慚愧，也確實如此。

　　我的身高迄今號稱一米七，服兵役時莫名增長到一米七二，然而不管怎麼說，在運動場合中都只能算是嬌小體型。但是父母賜予我的天賦真是不錯，從小學三年級開始就被學校選入田徑和民俗體育校隊。當初在田徑隊練的是短跑與三跳，在民俗體育隊專攻跳繩，並曾獲得獎牌；五年級時還差點被選進棒球隊。國中入學後，很快又被選入校隊，但是導師多次暗示，不同意我繼續待在田徑隊。即使上體育課的時候，測驗排球的發球落點、籃球的罰球線投籃和帶球上籃等項目，我都得到滿分；毽子一次可以踢了超過五百下、跳繩一跳三迴旋、二百公尺跑進二十六秒，都讓老師、同學側目，我卻仍只能把運動當作興趣而不是「身分」或「專業」，也無法以選手的身分擁有各項正式的紀錄。

　　現在想起來，果然小時了了。如果我有國手夢，最接近的一次，是在大學時期。已經忘記是中正盃還是華夏盃的擊劍比賽，那一次同時也是全國排名賽，地點在臺北市的實踐國中。大一時，因為嚮往西洋劍士的帥氣，同時有體育系何忠鋒學長兼教練的鼓勵，我曾經每日腳繫鐵砂袋、手甩8磅啞鈴，蹲實戰姿勢（En garde）一小時，只因為何教練認為我的體型適合練習鈍劍（Foil）。何教練專攻現代五項運動，而其中的擊劍項目是銳劍（Épée），所以他深知屬於重劍的銳劍，可攻擊的部分是全身，並不利於我的身材和動作特質。那麼練習劍法較為細膩的鈍劍，

他希望我能注重速度和爆發力。於是，大熱天穿劍服、提槍式握把的練習劍蹲實戰姿勢，前進、後退，弓步、躍步，偶爾來個飛刺（Fleach），快速飛奔而出。這不僅讓我有機會率隊獲得自辦北區大專杯冠軍，也打進了全國排名賽。

可是我的運動品德和態度有待反省。當時在等候前八強還是前十六強的賽事，旁邊一位身高約一米九的左訓中心外籍教練，正指導選手練習。眼見他挺直身軀、平舉著劍一步一步往前逼近那位選手。我突然感覺自己就是那個選手，諸多客觀條件下，速度再快、爆發力再強，都不可能取勝。所以，我選擇了臨陣脫逃，即使大會廣播多次唱名。

然而我確實熱愛運動。小學時，母親教我打桌球、羽球，父親教我打棒球、壘球，自己和同學跑去學游泳；中學時，朋友帶我去彈子房打撞球；大學體育課則選修太極拳。在成長的歲月裡，讀書、運動、社團這三項，幾乎代表我的全部。後來在報社工作，遇到也愛運動的同事，包括劉克襄、張大春和焦桐等著名作家，也是他們的鼓勵，我偶而也會寫一些自己的運動經驗發表於報紙副刊。直到我在大學專職任教，有那麼一段長時間，仍然堅持每天早上慢跑三千公尺。

這些個人的瑣事，就是前文所說的「千迴百轉，宿願得償」。其實，從挑選本書的文章開始，到最後幾個月的全書統一筆調、潤飾增補，我認真閱讀了每一篇文章，彷彿每一篇的主人公都會與自己的身影暗合。即連登山的〈雪線〉，都使我回憶起那年與劉克襄、焦桐、路寒袖在深夜裡攻頂雪山，而我落難三六九山莊的往事。當然，讀來最讓我汗顏的，是跆拳道的〈有輸過沒怕過〉和〈走上國手之路〉兩篇。

2016年，承蒙體育署與本校運休學院程瑞福院長等先進們的委託，擔任「十二年國教第五學習階段體育班國語文課程綱要」研修的科召集人工作，其間受益於多位在國、高中任教體育班國文課程師長的指導，並於2018年底初步完成最後的《學科說明手冊》。本書出版的因緣，就開始於編寫《學科說明手冊》時，「體育班課程綱要配套措施執行計

畫」的期待：以運動實例方式，編撰教材補充參考資料，提供各學校體育班規劃課程參考。當時提供補充教材的選文，文類包括新詩、散文、小說等共計九種，最終完成其中八種，即為本書選編的雛形。這也就是前文所謂的「因緣際會、水到渠成」。

當時，經由《手冊》撰寫委員的同意，以及五南圖書出版公司的支持，乃決定以「全民體育」、「全民閱讀」、「全民書寫」的理念為前提，重新構思可以進行運動文學推廣的出版形式：一方面協助體育班、大學體育相關科系學生落實終身學習、活用語文的教育目標；另一方面，滿足社會大眾對於各運動項目相關常識、精神內涵的認識需求。

本書編寫同仁廣泛蒐集文章，認真討論，原來圈定的選文有三十六篇、附錄四篇，可惜受限於版權難以取得、運動屬性重複、成書篇幅過大等因素，多只能暫時割愛。感謝本書所有作者無私的提供大作；感謝課程綱要研修委員、諮詢委員和《學科說明手冊》撰寫委員的辛勞付出；感謝編撰夥伴在授課百忙之餘的挑燈筆耕；感謝五南圖書出版公司諸位同仁的聯繫與編校；尤其感謝何宜芳小姐、蕭淑芳小姐、施偉信先生，以及本系工讀同學的大力幫忙。

這是一個嘗試，也是一種期許。忝為本書主編，必須羞赧的承認：其實直至出版前，仍在思考全書架構如何調整，如何呈現。因此，若是讀者在閱讀時，由於本書各單元的設計以致遭受閱讀干擾、情緒影響，甚至不快，則主編自當對於原文作者、編撰夥伴，以及讀者們表示萬分歉意。

鍾宗憲

編輯說明

　　本書的選編以促進全民體育、推動運動文學為目標，同時配合「十二年國民基本教育課程綱要總綱」與「十二年國民基本教育體育班課程實施規範」的施行，提供各種競技、運動項目相關經驗的文章，供包括體育專長的學生、愛好運動的社會人士學習、欣賞。讀者既可以權充語文教材使用，也可以視之為文學讀本或體育常識小冊。

　　全書精選運動文學15篇，計11種運動類別，依照該類運動的英文字母序編次。每一類別均簡要說明該類運動的起源與大事記，尤其側重於本國選手或從事者的表現。為加強現實生活的觀察力、感受力，落實語文素養以培養創新思維，藉以精進運動技能與態度，每篇文章則各由「導讀」、「作者介紹」、「正文與註釋」、「查查看，說說看，寫下來」、「運動小常識」、「賞析」、「溫故知新」、「寫作小教室」、「檢索與思考」等單元組成。各單元簡介如下：

導讀：說明本文出處、意旨、相關背景，並提供閱讀方向指引。

作者介紹：簡要說明作者出身及著作。

正文與註釋：刊載文章全文或節錄的段落，並於必要處解釋、翻譯字詞、文句的意義。

查查看，說說看，寫下來：穿插於本文中或文末，請讀者動手查找相關的運動知識，並將答案與他人分享後撰寫、記錄，俾能更明白本文內容，同時精進聽、說、讀、寫的能力。

運動小常識：介紹與本文內容有關的運動知識，包括技能特色、傷害防護、競賽規則與特殊記錄等。

賞析：闡述、鑑賞文本，簡要分析文章作意、段落結構、文字技巧與表

現風格，以利觀摩與理解。

溫故知新：配合中學國文課程教材與課外閱讀的內容，依照本文性質設
　　計簡答問題，不僅複習所學，也能獲得新知，以提升語文素養。

寫作小教室：搭配本文導讀與賞析的提示，萃取出練習寫作的方法，培
　　養觀察、聯想與表述能力。

檢索與思考：通過提問，融入議題，由探索本文關鍵到增廣多元觀點，
　　以引導讀者閱讀與思辨。

　　書末另有附錄2篇文章，分別提供讀者延伸閱讀：一則用以概括當代
運動文學創作的興起與發展情況；一則作為運動文學研究論述與理論應
用的參考。

　　本書的選編多蒙原作者支持，單元設計、內容撰述、文字校對則力
求完善。倘有不周、缺漏之處，敬祈各界先進不吝指正。

目錄

CONTENTS

棒球

Baseball

據信棒球運動的起源與板球（Cricket）有關。板球運動目前仍盛行於原來大英國協的幾個國家地區。目前所知最早的棒球比賽出現在十九世紀的美國。

1869 年　第一支職業棒球隊辛辛那提紅長襪隊成立。
1894 年　日文漢字首次出現「野球」一詞來稱呼棒球運動。
1931 年　臺灣嘉農棒球隊赴日贏得日本「夏季甲子園」大會亞軍。
1968 年　位於臺東偏遠山區的紅葉少棒隊因表現優異掀起臺灣少棒運動熱潮。
1974 年　臺灣少棒、青少棒、青棒都取得世界少棒聯盟（LLB）比賽冠軍，首度榮獲「三冠王」的美譽。
1984 年－1988 年　棒球兩度被奧林匹克運動會列為示範項目。臺灣隊（中華臺北）獲洛杉磯奧運會銅牌。
1990 年　中華職業棒球聯盟成立。
1992 年－2008 年　棒球被奧林匹克運動會列為正式競賽項目。臺灣隊獲 1992 年巴塞隆納奧運會銀牌。
1996 年　臺灣職業棒球大聯盟成立。2003 年與中華職業棒球聯盟合併為中華職業棒球大聯盟。
2004 年　世界棒壘球聯盟在加拿大舉行首屆世界盃女子棒球賽。
2013 年　國際棒球總會（IBAF）和國際壘球總會（ISF）合併，成立世界棒壘球總會（WBSC），並加入國際奧林匹克委員會。

洪不郎

李潼

一、導讀

　　本文選自《相思月娘》。2013 年被收入徐錦成主編的《打擊線上：臺灣棒球小說風雲》。《打擊線上》是一本以棒球爲主題的短篇小說集，編者精選十四位跨越不同世代知名作家的作品，記錄了臺灣棒球在不同階段時的面貌。標題「洪不郎」，即作者對於全壘打 HOMERUN 的中文翻譯；同時也借代爲本文人物洪文勝的暱稱。

　　在臺灣，最具代表性的國民運動非棒球莫屬。任何一項運動都需要運動員在安全的設備場地下才能夠順利進行，在沒有完善的設備下運動都可能會帶來許多運動傷害，造成選手生涯提早結束。運動選手需要花大量時間在練習上，沒有辦法兼顧資金來源，於是非常需要贊助商來支持這些運動員，使他們能無後顧之憂的在球場上大展身手。經費來源不穩定，無疑也是目前臺灣各支球隊很容易遇見的困境。

　　文中主角是一位喜愛棒球的孩子，身邊也有一些熱愛棒球的好朋友一起玩球，而後幸運地先遇上自願帶他們練習的徐教練，以及爲了兒子身體健康而大方贊助的洪老闆。於是棒球器材、訓練制度慢慢完備，改善了打棒球的環境，使得一支略具規模的球隊正式問世。每天規律的練球、打球，一切看似非常美好，未來充滿希望。然而每個人在加入這支球隊時，都有不同的目的，「開心打球」、「純粹打球」的本質慢慢改變了。這些熱愛棒球的孩子又該何去何從呢？

　　閱讀本文時，建議注意以下幾點：

㈠ 作者如何描述比賽，並將事件的因果關係說明清楚。

㈡ 檢索文中映襯、對比的寫作手法，學習用來表達自身的感受。

㈢ 體會受挫後如何回歸平淡，重拾初心的重要。

二、作者介紹

　　李潼，本名賴西安（1953-2004）。李潼關心土地、留心環境，常以文藝創作的方式來記錄這塊土地的點點滴滴。其作品的種類多元且題材豐富，小說、兒童文學、歌詞等皆有所涉獵。著作有《少年噶瑪蘭》、《再見天人菊》、《相思月娘》等小說作品；以及〈月琴〉、〈廟會〉等歌詞。

三、正文與註釋

　　潘金勇頭一個高壓下墜球餵那個第八棒的小個子吃。二出局，一在壘。小個子亂揮砍，給他砍了一支二游間滾地球，球速不強，但是亂蹦跳。那個第八棒和一壘的第五棒死命跑，扭得很難看。「滑壘！滑壘！」對方的大肚教練一喊，兩個跑壘的傢伙隨即俯衝下去。

　　亂蹦跳的球鑽過潘金勇胯間，潘金勇劈腿坐下，也沒壓住它。洪不郎閃過二壘跑者，沒等他滑壘，自己先滑一跤。他那個開中藥房的老爸和徐教練喊他，「撿起來！傳一壘」，游擊手的洪不郎在內野紅土上，將球攔住。

　　兩個跑壘者俯衝太早，人停了，雙手離壘包還有一人遠，狗爬過去。洪不郎也是那樣狗爬式的去撿球。

　　洪不郎爬得沒別人快。裁判雙手畫平，安全上壘。

　　我們這些坐板凳的人，沒一個坐得住。七局下半，四比三我們領先，只要再收拾一個就沒事了。洪不郎怎麼又這樣？

　　「安啦，沒要緊，三壘和本壘的人要顧牢，我們會贏啦。」洪老闆大聲叫道，居然脫下帽子用手指在頭頂飛旋，好像有人打了全壘打，還是要召集隊員回來。徐教練臉色不好，氣沖沖喊暫停。我趕緊把那壺人參茶提出去。

　　隊員都小跑步回來了，圍在場邊等教練指示，一隊人都到齊，洪不郎還瘸著一腿慢慢蹬步，好像給扭了筋。他每次漏接球，總又跟著受傷，也不知是真是假！

　　徐教練瞪眼，等洪不郎。我倒一大杯人參茶讓大家輪流喝，捕手林萬佶不喝，把杯子交給一壘手毛書文，毛書文傳給二壘手邱煜基，邱煜基也不敢喝。這杯人參茶，冷熱適中，也沒有再摻些別的，卻又像傳球似的，又從三壘手的洛卡仔傳回本壘，給本壘外的徐教練，徐教練仰頭整杯罐下。

　　人參茶真有功效，徐教練才灌下，精神又好了一倍，「每個人都要加強守備，不准再漏接，誰給我漏了，我就要他負責。對方，現在可能採取觸擊讓我們亂，但是，我們不要亂，只要封殺最近的一壘，我們就贏了，知道嗎？」徐教練說得這樣大聲，不怕戰略給對方聽見？大家點頭，我也跟著點頭。從此教練要洪不郎和左外野手對調。

▲查查看，說說看，寫下來：棒球運動中，什麼是「封殺」？

　　「徐教練，我看對方不會採取觸擊。」洪不郎的老爸說：「換了我，我會找代打，打一支大支的『洪不郎』一次就結束比賽。」

　　大家都愣住了，怎麼這樣說呢？我們已經夠緊張，還

這樣嚇我們。洪老闆知不知道他是哪一國[1]的？

「我是教練，讓我來指揮。剛才，漏接那個球，我還沒罵人，這場球要是沒贏，我們就『奧漬』[2]你知道嗎？說什麼。」

「你把他調去左外野，我也沒說話，我也沒說話。剛才，要不是那個投手擋到他的視線，他會漏接？你要知道，我是最支持這個球隊的，你為什麼不乾脆把他換下來，換下來啊。」洪老闆說著，伸手去拉洪不郎，洪不郎往後退，沒給抓到，「你還想打球，我們可以轉學，到別的球隊，不怕沒人要。跟這個球隊，給調來調去，我們不必受這個氣，走！我們不稀罕。」

灌了一滿杯人參茶的徐教練，似乎也動氣了，抓住我，「把茶壺放下，左外野手不換，換你跑游擊手。」

換我？我還沒熱[3]哩。我上去，洪不郎怎麼辦？大家要怎麼辦，以後不就沒有人參茶可以喝了嗎？徐教練會不會給換掉？哎！一定是那杯人參茶害了他。

我們的所有球具和一個人兩套球衣，都是洪不郎他老爸供應的，學校只發動勞動服務整理場地，買了一打球。

本來，我們也沒有組球隊這樣正經出來比賽的意思，大家只是隨便玩，只有一支球棒、一個球和一副手套，禮拜天早上到操場打一場。

有一天，徐教練騎摩托車來遛狗，那隻秋田狗把我們的外野滾地球咬走不還，沒人敢去要回來。那麼大一隻，站起來都比我們高，誰敢？徐教練去要，秋田也不還，跑

1　哪一國：口頭語，指支持哪一邊的意思。
2　奧漬：日文外來語的中譯，即outside的簡稱out，出局，結束賽程的意思。
3　熱：指熱身，激烈運動前使身體柔軟的準備動作，相當於後文的「做熱身操」。

去溜滑梯底下，把我們的寶貝球咬成一團破抹布。

　　徐教練賠了兩個舊球、一支球棒和三副手套，有一副還是捕手手套，我們才知道他會打棒球，而且，曾經是公賣局[4]棒球隊的王牌投手。

　　是他自己要當我們教練的。每次把那隻秋田綁在溜滑梯下，教我們一個個做熱身操、做基本動作，從捕手教到投手、各壘手，從此內野、外野守備到各種打擊，才過了一學期，我們就很厲害了。徐教練的朋友是明禮少棒隊的教練，他們在花崗山上練習，我們去山上當靶子，借他們的全套球具，每次我們一上壘，那些有制服穿的人就喊「沒要緊！」，越喊越沒聲音，打了五局就不打了，七比〇，換了我，也叫不出來。

　　洪不郎他老爸，也是我們沒要他來，他自己來的。

　　說是洪文勝自從打棒球，回家後，每天都吃三碗飯，氣喘不見了，臉色好看了，勝過吃燉補。他來操場觀戰，每次都帶一包高麗人參片，教我們含在舌頭下，生津[5]解渴、滋補元氣。

　　洪老闆大概也常吃人參，所以中氣足、嗓門宏亮。沒聽洪不郎說他老爸打過棒球，但是，規則和戰術他是懂的，要不，洪老闆哪敢指揮我們這樣那樣。

　　練習或比賽，徐教練很少對我們大吼大叫，反倒都是洪老闆的聲音。人家說投手出身的教練大多這樣，最會叫的是外野手或老球迷出身的。不知洪不郎他老爸怎麼回事？先是送來人參片，坐在司令台看我們練球；後來，每

4　公賣局：臺灣省菸酒公賣局的簡稱，即臺灣菸酒股份有限公司的前身。
5　津：口水。

一場球都到，從三壘外游走到一壘外，喊叫兼拍掌，像游擊手。

▲查查看，說說看，寫下來：棒球運動中，每位上場球員的守備位置分別在哪裡？

　　平常守備，我比洪不郎好太多，要是正式上場，我想也不會像他老漏接。我從來沒吃燉補，打擊力和洪不郎也差不多，但我總是當候補、代打，我也不是怨什麼，誰叫我不像潘金勇那樣會投變化、不像毛書文打全壘打，我是「全能球員」，什麼都會一點，所以幫大家提茶壺、遞毛巾，「隨時準備上場」，也是應該的。我不能說洪不郎什麼，沒有他，我們現在恐怕還在空手接球，也不知道人參是什麼味道。

　　有時候，我想，要是沒有徐教練和洪老闆，我們像從前一樣自己做裁判、自己玩，說不定也不錯，至少，用輪流的，誰都有機會上場。其實，誰打第幾棒、誰站什麼位置、沒有他們，我們也知道。

　　潘金勇是阿美族酋長[6]的孫子，他投球最穩最直；毛書文住防空學校眷村[7]，長得像黑人混血兒，但他說他老爸是浙江人，老媽是花蓮人；盜壘王邱煜基講客家話，住

6　酋長：部落的領袖。
7　眷村：指軍職人員眷屬所居住的聚落。

在鐵路局的日本式宿舍，老爸開茶室[8]的林萬佶是我們的捕手，他蹲再久也不喊腿痠。那時候，我們的球具也是洪不郎的，所以星期日早上，大家都要他來，洪不郎不敢很跩，要不，我們早就不理他了。誰都會家裡有事，遲到或不能來，也沒人說誰，人數湊齊了，我們就玩。

徐教練做人不錯，不會亂吠叫[9]、罵我們，那時候，他當我們的義務教練，大家都有進步，很開心。但是自從那次在花崗山當明禮隊的靶子隊[10]獲勝後，我們就越來越覺得奇怪，洪老闆要他把洪不郎調到捕手試試看，徐教練就把林萬佶換下來，讓他試。洪不郎叫說手掌痛（他還不敢說潘金勇的球太強），徐教練又聽洪老闆的意思，讓他試投手，就這樣，洪不郎又從一壘手試到二壘手、游擊手、三壘手，整整試了一圈，所以我們叫他洪不郎。

後來，我們聽家裡開茶室的林萬佶說：洪老闆包了我們這支球隊，徐教練每個月向他領薪水；洪老闆當選我們學校的家長會長，每次開家長會，都有人參茶喝，校長對他很有禮貌。

洪不郎的選球能力，怎麼輪也輪不到第一棒，他偏偏從第一棒打起，四、五、六棒強打也輪過。有一次跟壽豐[11]打，七局下半，我們後攻，二比一，我們落後，二出局三在壘，輪第四棒洪不郎打擊，毛書文告訴教練要派我代打，洪老闆不說別人，反過來罵我：「有第四棒找人代打的嗎？你，去倒一杯茶給我。」

8　茶室：供客人泡茶休憩的小型茶館。
9　吠叫：原指狗叫，這裡指大聲吼叫。
10　靶子隊：讓正式球隊練習或模擬比賽的球隊。
11　壽豐：指的是花蓮縣壽豐鄉的球隊。

▲查查看，說說看，寫下來：棒球運動中，第一棒到第九棒的棒次如何安排？

　　我們輸了那場球，洪不郎被活活三振。

　　大家默默收拾球具，不知該怎麼說，洪不郎拄著球棒，俟[12]了半天，嚅嚅[13]說：「是我不好，不應該亂揮棒。」說起來洪不郎也很可憐，在打擊位置，聽他老爸喊「給他一支大支的！」徐教練給的暗號又是觸擊，而對方投手不斷牽制在壘者，他擺了姿勢，給這一折騰，哪還能專心？換了我，恐怕也是三振的命。

　　洪老闆卻說：「別講這麼多啦，輸球大家都有責任。一隊雜牌軍，什麼人都有，怎麼打球？」

　　徐教練聽得一愣，站起來，卻沒說什麼。

　　我們都是同班同學，說什麼雜牌軍？從前，沒人管，也玩得好好的，散場以後有時間，我們常到處去家庭訪問，我們去潘金勇他祖母的藤屋吃番薯；到毛書文他家揉麵粉，做蔥油餅（他家有一大包的配給麵粉，聽說每個月由軍用卡車載來發）。也到過洪不郎他老爸的中藥房喝茶，擺在店裡給顧客喝的，苦苦、甜甜的，洪不郎說可以滋陰補肺[14]，也不知什麼意思。我們還去邱煜基家裡吃粄

12　俟：等待。俟，音ㄙˋ。
13　嚅嚅：說話吞吞吐吐，欲言又止。嚅，音ㄖㄨˊ。
14　滋陰補肺：中醫用語。滋陰，調理陰虛的症狀；補肺，補益肺氣的虛弱。

條[15]，事先，盜壘王教我們講一句客家話，等熱騰騰的豆芽菜粄條湯麵端到小桌來，我們一個個「按仔細[16]」，樂得邱煜基他母親直笑，說我們「按些客氣[17]」；連林萬佶的家，我們也去訪問過，從他們茶室後面進去，看到幾個漂亮的小姐端著臉盆來來去去，到處都是腥腥的氣味，林萬佶跟他老媽要錢，請我們去大水溝吃花豆綿綿冰。怎說我們是雜牌軍？

也許，投手出身的徐教練口才不好，不怎麼回應他；也許是給林萬佶說中了：雇員怎敢跟老闆應嘴；也許林萬佶是事後諸葛，放馬後炮；但他說得很準，我們的球隊不會那麼快解散。那天過後，校長來精神訓話，他要大家為學校榮譽發揮團結的精神，不要為小事鬧不愉快，大家要團結才能爭取更大的成功，有機會代表地方、代表國家出外比賽。

人參茶裡不知還摻了什麼，徐教練真把我換上場當游擊手，讓洪不郎下來休息。

洪老闆的臉色真有夠難看，我接過洪不郎的手套，換他提茶壺。他老爸忽然大吼一聲：「這種球不用打了，我們回去，要打，讓他們自己打，看他有什麼本事。」

難怪洪老闆要生氣，洪不郎給排在第七棒打擊，近視的也看得出他已不高興，洪不郎從沒站過外野守備，他老爸去也不讓他去，徐教練竟敢這樣把他換下來，洪老闆怎麼受得了？

對方的士氣大振，在鐵欄裡亂吼亂叫，他們的第九

---

15 粄條：客家人以在來米製成的一種副食品。或俗寫成「板條」。
16 按仔細：客家語。謝謝。
17 按些客氣：客家語。不用那麼客氣。

棒也換代打，上來一個超級馬達的胖子，扛著球棒的打擊位置一直扭屁股。這傢伙眞要上來揮大支的嗎？徐教練卻招手要我們縮小守備圈，他眞的想對方會採觸擊，先占滿壘，一分一分把我們吃掉。

對方的教練是徐教練從前公賣局隊的外野手，也許他早知道他很會叫，也知道他的戰術，派這個大傢伙上來代打，只是虛晃一招，想讓我們上當，把手被拉遠。徐教練才沒那麼笨！

我彎下半身，在一、二壘間擺動。平常練習，我的守備很少漏接的，我想好，要是胖子的觸擊球滾來，最好滾到我這裡，我穩穩接到，傳一壘，那就沒事了；要是一壘手衝出去，我就奔去補位，等接球；要是……球都不來，我不用接球，也不會漏接，這也不錯。

洪老闆是個懂得規則和戰術的人，而且，他猜得很準。

對方那胖子眞狠，一棒把潘金勇的快速直球打得遠遠，比鴿子飛得還高，我們看著外野手奔去追它，那只球遲遲不落下，好像要去禪寺的厝骨塔報到。

我們聽到洪老闆叫說：「看吧！看吧！不聽我講。」

我們眞的「奧漬」了。四比六，沒有進入決賽。

徐教練也「奧漬」了。他在球賽後第三天，把洗淨摺齊的球衣還給洪不郎帶回去。又過了一個禮拜，我們把全隊的球衣都交還學校，放進儲藏室，校長說：「等將來有機會再組隊爲學校爭取榮譽。」等到什麼？等到再有個醫生或什麼老闆出錢出力，我們說不定已經畢業了。

棒球很硬，轉起來很奇怪，而且，誰給沾上了，怕是一輩子也忘不了。那嗓門很大的老球迷是這樣，他們眞正

上場的和我這個提茶壺的更脫離不了。

　　我們這支雜牌軍還了球衣，忍不到一個月，又相約在禮拜天到操場玩球，儲藏室的老王認識我們，肯將全套球具外借。洪不郎仍然和我們一起輪流上場，他的膽子真大，還敢偷帶一包人參片出來，人參片太少，不夠分給大家含著生津解渴、滋補元氣，但是，泡一壺茶也夠了。

　　不久，我們看到徐教練又騎著摩托車來操場遛狗，他說我們該學的都學了，他要再能教，都是我們不該學的。不知他說些什麼？反正，我們不穿球衣，玩得更開心。怕是那隻愛咬球的秋田，把我們的高飛球銜走，咬成一團抹布。這球是向學校借的，我們賠不起。

　　徐教練總在遠遠的溜滑梯附近兜圈子，靠近一點，過來喝一杯人參茶也不肯。

四、運動小常識

滑壘的注意事項：

1. 跑者為求安全上壘，全力衝刺時要是馬上緊急煞車的話，很容易受傷，所以用滑壘方式減速。使用滑行的方式，用最短的時間減速以剛好停在壘包上，又可以降低跑者自身高度以避免被防守方觸殺。

2. 除了一壘，其餘壘包都不能衝過頭，必須停止在壘包上。若是離開壘包，往往會被防守方觸殺。

3. 若是防守方人員已在壘前準備好了，可藉由滑壘閃開。但是如果直接把防守方人員剷倒或撞倒的話，除了本壘較為特殊，其他可能會被裁判認定為防礙守備而出局。

4. 滑壘不應有惡意衝撞的心態。為安全起見，不宜以頭部朝前的方式撲壘。

五、賞析

　　本文是透過天真孩子的視角來看待社會百態，從球隊的組成和興衰經驗，最終意外發現如何獲得運動中最純粹的美好。

　　一群單純喜歡接觸棒球運動的孩子聚在一起，於是就出現了有理想規劃的大人，教他們更多的棒球技巧跟知識。有了技巧、知識，但是沒有完備設施的情況下，很容易造成運動傷害，進而迫使球員提早結束運動生涯。無論球具、裝備，甚至是場地，都需要經費的支持。缺乏經費是每一支球隊都可能會面臨的困境，然而當經費注入之後，確實有效改善資金的困境，卻又經常會發生因為與贊助商理念不合，而出現了另一種需要耐心克服的處境。本文反映出敘述者心態的三層變化：從一開始很開心有人一起打球，到有教練、贊助商加入，成為一支更完善的球隊，以及和他隊無論輸贏進行比賽的喜悅；再到最後球隊營運失敗以至於解散，球員們依然願意繼續到操場玩球。透過前後文的呼應，作者強調「我們不穿球衣，玩得更開心」，讀者不難發現：孩子們並沒有大人們各種非運動本質的考量，只是單純喜愛打球的天真無邪。

　　本文善用雙關語和方言來增添許多趣味。題目「洪不郎」出自棒球術語全壘打，點出文中比賽最後的全壘打，不僅結束球賽也結束的球隊；同時也詼諧的表現出洪文勝因為父親關係加上自己能力不佳，於是把球場所有壘包的防守位置全跑過一次的另類全壘打。文中也鮮活地運用「奧漬」、「按仔細」等口語詞彙，使本文能夠更接近讀者的現實生活；另一方面對於球員的背景也因此有所交代，可以看到球員們組成的豐富性，反映出臺灣參與棒球運動的多元實況。

　　在本文的敘述中，使用了不少棒球的相關術語，包括代打、觸擊、滑壘等皆是，讀者可以從而更進一步認識這項球類運動。而棒球是一項團隊、球員相依賴的運動，如同比賽危急時刻大家互傳人參茶的那一幕，人參茶如同球，從一壘到最後本壘，又是一次的全壘打，彼此要有高度的默契才能如此流暢。從場內到場外，本文都值得讀者細細品味。

　　其實，本文隱藏著一個有趣的棒球問題：本文敘述者「我」最終被派上場守備哪個位置？讀者不妨想想看。

◎溫故知新：什麼是「映襯」修辭法？與「對比」是否相同？

（蘇于庭　編撰）

六、寫作小教室

　　每一場比賽結束後，想必球員們一定都有許多話想說。本文敘述者「我」寫下了自己輸球後繼續玩球，以及對於其他隊員的看法。你可能是林萬佶、你也可能是洪不郎……請你選擇本文其中一位人物，設身處地的思考：如果你是「他」，你對這個團隊的想法。

七、檢索與思考

㈠ 洪老闆說：「別講這麼多啦，輸球大家都有責任。一隊雜牌軍，什麼人都有，怎麼打球？」為什麼洪老闆用「雜牌軍」稱呼這支球隊？請從本文中檢索出相關的內容，並評價「雜牌軍」一詞是否適當。

㈡ 文中有敘述者自己內心想法的說明，然而敘述者為何會自稱是「全能球員」？請闡述「全能球員」在本文中的意思。

㈢ 本文最後使用一句話來說明棒球運動的特殊性：「棒球很硬，轉起來很奇怪，而且，誰給沾上了，怕是一輩子也忘不了。」究竟要強調棒球的什麼特質？請分享自己的看法。

㈣ 無論是何種球類運動，「球衣」可能有哪些象徵意義？如果真的有那些意義，那麼本文提到：「反正，我們不穿球衣，玩得更開心。」應該要如何詮釋？

殘兵記

金光裕

一、導讀

　　本文原載於《小說潮：聯合報第七屆小說獎得獎作品集》中，之後也被收錄於《打擊線上：臺灣棒球小說風雲》一書裡。透過文本可使人體認到：人生在世，難免會面臨到令人沮喪的困境或挫折；然而，不論這樣的處境原因來自於內在或外在、個人或社會，能協助自己脫離泥淖的最終要素，往往仍取決於自我心態、行為的調整與轉變。反之，若只知外索，而不知內求，則或將更落入怨天尤人的情緒中。

　　〈殘兵記〉描述了一支由烏合之眾組成的棒球隊，面臨解前的最後一搏。劇情設定從球賽的八局下半開始，雙方球隊的懸殊比數，昏暗、濕冷的氣候，不啻預告著天雕隊（本文主角球隊）的必敗。之後，隨著情節的開展，一支疲懶潰散的球隊面相被呈現於眼前。根據作者在文中利用球員符先鏮的視角，對球賽做出的回顧，可知這場賽事在一開始並非毫無勝算，但在與對方實力的差距、主審的誤判、我方球員的衝動等因素下，事情一敗塗地。在「暫停」的時間裡，天雕隊球員、教練及贊助商之間的互相指責，以及裁判的催促出賽，層疊加重了緊張、沉重的氣氛。幸而最後球員們透過對現實困境的正視和自我生命、初心重新思考的歷程，再度找回奮戰的精神，打出了一場雖敗猶榮的好球。

　　作者曾在本文前說：「棒球故事不是用來反映社會現象，其本身就是個生命的現實。」小說裡主人公們的遭遇，不僅是實際社會中許多球員的遭遇，也是許多人生命的投射。而最終，球員們對虛耗青春的感慨和尋求生活新契機的心境歷程，或亦可成為你我省思的借鏡。

　　閱讀本文時，建議注意以下幾點：
㈠ 以景襯情等寫作手法的運用。
㈡ 學習面對困境時能內省乎己並轉念思考的心態。
㈢ 體認積極規劃生命的重要。

二、作者介紹

　　金光裕（1955-），本業為建築師，因其個人對文藝的愛好，自大學時期開始進行寫作，作品文類以小說及散文為主，並曾獲中國青年寫作協會小說特優獎、聯合報小說獎、中山文藝獎等獎項。著作有《七出刀之夢》、《沙堡傳奇》、《恆河的鼻環》等。

三、正文與注釋

　　夜幕初籠[1]，附近的大樓開始稀稀落落的亮起燈來，街道上汽車引擎和喇叭的交響陣陣傳來，飄蕩在空曠的棒球場內。球場的夜間燈光已經打開，淅淅瀝瀝的雨，一陣一陣灑在球場上。在這天色將暗未暗的時分，深藍色調正主宰著世界，再多的水銀燈，似乎也揮不去壓到眉邊的抑鬱。濕冷的空氣裡，彷彿摻入了一種朦朧的佐料，任你怎麼看都是模模糊糊的。在天邊困獸猶鬥的那抹餘光，把世界弄得比晚上還要黑暗而無助。看盡了無數次興衰勝敗的綠色記分台，漠然的坐落在三百多呎外的圍牆邊，不帶一絲感情的記錄著這場球賽的狀況：八局下半，無人出局，十五比四，我們天雕隊一敗塗地；我們的隊旗，孤零零的立在休息室外面，垂頭喪氣的任由雨水蹂躪[2]著，卻也沒有人願意出去收一下。

　　我坐在休息室的最後面，隊友們則橫七豎八[3]的布滿了休息室，爛泥會和著汗臭味，隨著水蒸氣的上升，瀰漫在空氣當中。又有人把鞋子脫了下來，一股難耐的腳氣夾著酒味侵襲過來。我們的經理龔老師，正在偷偷的把酒瓶

1　初籠：開始掛上燈籠，指剛剛天黑的時候。籠，燈籠。
2　蹂躪：踐踏、摧殘。
3　橫七豎八：形容雜亂的樣子。

從身後遞給我們的教練廖老師，兩個人之間還夾著天雕食品企業的小開季先生。小季先生的表情，已經漸漸的恢復了平日的自信；原本在我們恐懼之下的惶恐，也已經被鄙夷的表情所取代了。幾支菸點了起來，一股乾熱的香味暫時壓制了難聞的空氣，但不用多久，又只能堪堪[4]的戰成個平手。

這場比賽雖然沒有打完，可是誰都知道，我們已經輸定了，而且可能還不止輸這麼多。由於小季先生早已宣布了董事會的決定，那就是如果這次盃賽，我們要是打不到前兩名的話，公司便將撤銷支持了。好死不死[5]，偏偏就有三支甲組球隊報名。也就是說，我們休想在冠亞軍賽以前不碰到甲組隊。果然，第三場比賽碰上了，果然我們不是對手。所以這場比賽一結束，我們便都要失業了，也可能要結束我們的棒球生涯了。

說來也是好笑，我們從少棒打到成棒，真正喜歡打球的時候，恐怕只有少棒和青少棒初期的那兩三年；這以後，打棒球就成了義務、習慣、與眾不同的特徵，和不用念書的工具；到了成棒，又變成了吃飯的手段。根本談不上喜歡不喜歡，打贏了球，好像打了一針興奮劑，自我陶醉的做一番世界冠軍的春秋大夢；打輸了就喝幾頓悶酒，發一發常鋏歸來乎[6]的牢騷。結果都是一樣，每天習慣性的練練球，偷偷懶，有氣無力的和陽光空氣水鬼混一番。直到今天，才突然發現棒球對我們的重要性，有如一群不

4　堪堪：漸漸，在此有勉強的意思。
5　好死不死：口頭語，多用來加強語氣。恰巧。
6　常鋏歸來乎：此處用以表達「才能不受人賞識」的埋怨。常鋏，原作「長鋏」，即長劍。鋏，音ㄐㄧㄚˊ。典出《戰國策・齊策四》。

怎麼孝順、也談不上忤逆的子女，一旦發現了平常有些礙手礙腳的老父老母就要斷氣了，不禁也要燒香念佛，良心發現地說些不存希望的禱告一般。

▲查查看，說說看，寫下來：世界棒球運動如何區分「少棒」、「青少棒」、「青棒」、「成棒」？

　　有人丟了一根菸給我，我把它夾在耳朵後面。我想，怎麼會搞到這步田地的？其實，這場比賽一開始的兆頭很不壞。一局上半，我們先攻，我打第一棒，號稱「急先鋒」符先鏞的我，一上來就靠對方游擊手的失誤上了一壘；接著第二棒，捕手「元寶」楊寶新，打了一支右外野的德克薩斯安打[7]，我一口氣跑上了三壘；第三棒，我們天雕隊的隊長，游擊手「固齡玉」顧明義上場，被四壞球保送。無人出局，滿壘，輪到我們的第四棒，大塊頭中堅手「阿姆斯壯」，他猛揮了一支右外野的三壘安打，又趁著對方選手的疏忽──投、捕手在商量的時候，衝回本壘，等於是一支滿壘的場內全壘打，四比〇，絕對的優勢領先。

　　但是對方馬上讓我們嘗到了甲組球隊的厲害，他們的投手很有效的把自己穩定下來，把下面三棒連續的三振出局。而且，在以後的比賽裡完全的壓制了我們的攻勢；而

7　德克薩斯安打：又稱德州安打，通常指棒球被擊出之後，落在內、外野之間三不管（指外野手、游擊手與三壘手）地帶所形成的安打。

他們在攻擊的時候，又從容不迫的採取蠶食[8]戰術。第一局下半扳回兩分，第四局一分，第五局兩分，這時候我們已經落後一分了。

六局上半，我們氣急敗壞的反攻，卻只能打出一些不三不四[9]的滾地球。六局下半，我們死守成功，沒有失分。但是七局上半，我們還是上不了壘。然而在七局下半，我們的王牌投手紀仲雄不行了，他出球前那一剎那的眼光被對方看破，連連丟了三分。對方一名球員貪功，在三壘和本壘之間被夾殺，必死的情況之下，竟然給他回了本壘，但顯然偏離跑壘路線太遠，應該是出局的，主審老眼昏花，判得分。紀仲雄大怒，衝過去給了主審一拳，大家鬧了個不可開交[10]，比賽中斷了近半個鐘頭。觀眾席上可以羅雀[11]的幾十個觀眾，也不知道是在聲援，抑或是聲討我們，情緒激昂的亂吼了一陣。結果是改變原則，得分不算，但紀仲雄要被罰下場。對方表示不滿，認為裁判沒有權威；我們也不甘示弱，強詞奪理[12]的要求讓紀仲雄繼續打。正要準備借題發揮[13]的時候，我們的小季先生竟然扯我們的後腿，把我們叫回到休息室前。

他原本瘦高的身材，由於站在休息室出口的水泥塊上，便更顯得高人一等了。他用雙手由腿間叉開了筆挺的西裝，透過那副黑絲框眼鏡，斜眼睨[14]著我們，一面吹著

8　蠶食：像蠶吃桑葉一樣緩慢地吞食。此處形容一局一局的少量得分。
9　不三不四：口頭語。不倫不類，形容不正經或不像樣。
10　不可開交：形容無法擺脫事情或事情無法結束。
11　羅雀：即「門可羅雀」。形容人數或觀眾稀少。
12　強詞奪理：無正當理由卻強行狡辯。
13　借題發揮：假借某件事，來表達己意或趁機完成自己真正想做的事。
14　睨：斜眼看，有輕視之意。睨，音ㄋㄧˋ。

那撮發育不良的八字鬍，趾高氣揚[15]的說：

「不用打了，你們是什麼球隊嘛？！簡直都把公司的臉丟盡了。解散，你們現在就給我解散！我們公司每年出一百多萬，不是要請你們這些無賴、酒鬼來丟人現眼[16]的……」

在他的話還沒更加不堪入耳[17]的時候，固齡玉已經無聲無息的走到他的面前，一舉手，把小季先生的整個身子戳進了休息室，把那套待會兒也許要上夜總會的時髦西裝，沾上了半個褲管的爛泥。固齡玉指著他的鼻子說：

「我告訴你，這場比賽我們打定了，你也看定了。你敢再廢話一句，還是敢離開一步，就嘗嘗我們的拳頭和棒子。」

小季先生自然也不肯讓步，陰森著臉說：

「好！大家走著瞧，我會告你們妨礙自由的，一個都跑不掉。」

但也許是想到了拳頭和棒子打在身上是會痛的，他只好乖乖的坐下來。龔老師和廖老師還不甘心，像是看犯人一樣，一人一邊把小季先生夾住，用一身的汗臭和酒氣來凌辱他。

老虎不發威，給人當病貓。主審也體會到這一點，於是向對方球隊提出警告：再不出來比賽，就要判棄權了。對方球隊只好搖著頭出來。我們推出第二號投手，擅長側投的何文章。何文章的曲球弧度很大，可是球速慢。其實從青棒後，他就沒有打過什麼好球了。但是對方的球員，

15　趾高氣揚：形容驕傲、得意的樣子。
16　丟人現眼：指行為不得體而出醜、丟臉。
17　不堪入耳：形容言語粗鄙，令人無法忍受。

不論好球壞球，球來了就胡亂掄[18]上幾棒，連連三振下去。這局比賽，也就在這種消極的抗議之下，我們沒有再失分，比數八比四。

八局上半，我們還是欲振乏力。八局下，何文章果然罩不住，球被打得滿場飛，我們的守備也不爭氣，接到了又掉出來的有之，摔了跤不撿球的有之，暴傳[19]、選擇錯誤，不一而足，對方還沒人出局，就一口氣鯨吞[20]了七分。還有一個跑者在三壘蠢蠢欲動，幸虧一場及時雨，球賽暫停，但二十分鐘過去了，我們一點對策也沒有，只像在等死，還有人說：

「下吧！下吧！下到不能打最好！」

我們實在不夠格，我不得不承認了。現在想想，我們初組球隊時候的「目標」──其實不如說是夢想吧──一年內打進甲組，兩年內開始名列前茅，三年內打全國冠軍，向世界盃進軍，洛杉磯奧運會沒有棒球賽就罷了，有的話自然也要拿一塊金牌回來……，真是痴人說夢話，就看看我們的燕瘦環肥[21]，怎麼會有這種夢想呢？再看看我們的生活習慣，抽菸、喝酒、熬夜打牌、看武俠，哪能有什麼好體能、好鬥志？再看看我們打起球來，領先了就得意囂張，小人得志；一落後就氣急敗壞，摔球棒摔頭盔摔手套，無所不用其極。再想想我們的合作，有幾個人就有幾個意見，打了好球都是自己的功勞，有了錯誤都是別人

18　掄：揮動。掄，音ㄌㄨㄣ。
19　暴傳：形容球員在傳球時，因力道控制不當，導致隊友無法順利接球，而產生失誤的行為。
20　鯨吞：像鯨魚一樣吞食，比喻大量併吞。此處形容單局的大量得分。
21　燕瘦環肥：本為形容美人體態各有不同，各有美感之意。本文或用以諷刺體型的走樣。燕，漢成帝皇后趙飛燕。環，唐玄宗貴妃楊玉環。

配合不當，我們眞是憑什麼跟人家打呢？

▲查查看，說說看，寫下來：國內棒球運動如何區分「甲組」和「乙組」？

　　再看看我們的龔老師、廖老師，各自挺了個大肚子，滿臉橫肉的坐在那裡，兩個人還不厭其煩的繼續掩耳盜鈴[22]的遊戲，廖老師又把酒瓶從身後遞給龔老師，龔老師大概是有些醉了，空抓了好幾下才摸到。唉！若不是我們從小給他們教到現在，我會以爲他們這副德性是什麼？不折不扣[23]的無賴、酒鬼、賭棍！他們兩個，碰到了初認識的人就是只有一個話題：

　　「你有記得沒記得，有一年巨人隊輸給一個小球隊？那就是我們兩個弄倒的……」

　　其實，他們有什麼資格爲人師表呢？就算不講品德、人格、學問，單看棒球素養，他們懂什麼呢？十年來就是那一套，而且，比賽不到緊要關頭則已，一到了寸土必爭[24]的階段，他們就馬上發明一套輸球唯恐不及的辦法，而且是百試不爽，知過必不改。看來，好萊塢的電影都是胡說八道，一群無賴漢湊成的雜牌軍，加一點袍澤愛的酵素，就可以化腐朽爲神奇，把德國大軍打得落花流水，這

22　掩耳盜鈴：比喻自欺欺人。
23　不折不扣：完完全全。
24　寸土必爭：形容對敵時，絕不退讓的意思。

種事，在我們這群人身上是休想了。

　　再看看我們的贊助人，小季先生，我不知道他當初爲什麼想要成立球隊，是想減稅？還是想做廣告？大概都有吧，或許，也有那麼點推展體育的使命感吧。他常常向我們說美國的職業籃球怎樣，職業棒球怎樣，大概也有那麼點妄想狂，以爲我們的球隊也會發展到那種程度。一年半前，組織球隊的時候，他是怎麼說的？

　　「我要向公司爭取，每年兩百萬的經費支持球隊……沒錯！兩百萬……」

　　「我會在公司裡替你們安插好職位……讓你們學習一種技術……，宿舍！專車！絕對沒問題！……不論戰績，支持到底……。」

　　後來呢？大部分的人，每天都要在工廠做六個小時的苦工，我和阿姆斯壯在公司，可也好不了哪去。阿姆斯壯有如茶房，辦公室裡送公文、倒茶、掃地粗活，都是他縮著身子，唯恐虎背熊腰[25]會妨礙到別人似的，忙上忙下，還要被那些塗紅抹綠的女職員呼來喚去，取笑消遣。我則獨享一部寬敞的送貨電梯，上至頂樓，下至地下室，成天在那股機油、鐵鏽、霉味、死老鼠味揉雜的氣息裡搬這搬那。還有些隊友，因爲在上班時間喝酒、賭錢、睡覺，或在倉庫裡抽菸，而被停職、扣薪，甚至開除的；空下的名額，補進來了一些不會打球卻很會做工的廢料。我們的專車也被取消，連摩托車油錢都申請不到，宿舍越換越小，球具的添置永遠趕不上報銷的速度，打壞了球還要自己縫……，直到現在，終於要解散了。

25　虎背熊腰：形容人體格強壯或體型龐大。

　　雨勢漸小，裁判已經出來檢視場地了，對方的投捕手也已經出來練習，固齡玉也叫何文章出去。何文章不甘願的丟掉了半截香菸，抓了手套出去，往椅子上狠狠的拍了一下，龔老師和廖老師這才發現我在後面，我正眼也不瞧他們一下，大踏步的走出去，天色已經全暗了，水銀燈透過霧氣，把場地照得白濛濛的，我猛力的吸了兩口空氣，看見何文章垂著頭站在一邊，捕手元寶還在找他的手套，我對何文章叫到：

　　「喂！我們來練投。」他驚愕的望著我，我感到一股不可遏止[26]的怒氣：

　　「快啊！」

　　我有沒有弄錯？他哭起來了！固齡玉也和我一樣驚訝，我們向他走過去，他哭得更是稀里糊塗：

　　「我不要投了……我球速太慢了……一局就丟了七分……我對不起你們……」

　　「不要哭，不要哭。」

　　又跑來了好幾個人，我被他哭得心煩意亂，只好把帽子捏成一團：

　　「你要給別人看笑話嗎？」

　　「你不要罵他了。」捕手元寶對我說。

　　「我又沒在罵他。」我瞪了元寶一眼：

　　「我講話就是這個樣子，你又不是不知道！」

　　「你們不要再講了。」我們的三壘手陳長達插進來說：

　　「文章，你不要難過，姿勢改正一下，好好練一陣，

球速是可以加快的，你的變化球投得很好……」

「你不要這樣婆婆媽媽[27]的好不好？」我沒好氣的對陳長達說：

「球隊都要解散了，還談什麼練不練的？現在的問題，就是怎麼把這場比賽打完！」

何文章還是哭得沒完沒了，若不是還要他投球，我真恨不得揍他一頓。這也要怪小季先生，把我們另外兩個投手給開除了，補進來一個沒打過棒球的體操選手，根本就派不上用場。否則，怎麼會有這麼尷尬的局面呢？

「我想，」陳長達說：

「文章這個樣子是不能投了……」

「他不投誰投啊？阿雄已經不能上了。」

「嗐！天雕隊，準備開始。」裁判跑過來通知，我們點點頭。

「我想讓鍾建國上來投。」

「鍾建國？」

大家都叫了起來，鍾建國，就是那個體操選手。

「他只會快速直球，不行的。」捕手元寶說。

「這是暫時的……」

「你們還不上場，在這裡幹什麼？」

龔老師衝了過來，廖老師仍然和他的酒瓶看守著小季先生。

「就是因為他的直球快，」陳長達有條不紊[28]的繼續說：

---

27 婆婆媽媽：口頭語。形容人做事不乾脆、不果斷。
28 有條不紊：形容條理明晰而不混亂。紊，音ㄨㄣˋ。

「所以我想叫他上來，保送兩人，然後……」

「還保送？」龔老師擠開了陳長達，霸住了中心位置：

「這場比賽已經完了，你們現在是一點防禦能力也沒有，上壘幾個人就會丟幾分，還保送什麼？我跟你們說，你們振作精神，奮戰到底，懂不懂？輸多少都是輸，怕什麼？何文章，你給我站好，站好！男子漢大丈夫，哭什麼？死沒出息，你給我回去投，輸一百分也要投，陳長達，你不要廢話……」

「嘻！天雕隊，開始！」

主審剛才被紀正雄揍了一拳，餘悸猶存[29]，向我們走了幾步就停住了。觀眾席上僅有的十幾個觀眾也鼓譟[30]起來，對方的球員莫明所以望著我們。

「好，快點，回去比賽，輸就輸，不准給我丟臉。」

「我覺得陳長達的話有點名堂。」

我正要走到守備位置的時候，聽到固齡玉說。

「少廢話，」龔老師說：

「你們要幹什麼？丟人丟得還不夠，還要起內訌[31]嗎？」

「我想至少讓陳長達把話講完。」固齡玉堅持的說。

「顧明義，你們不要以為你們長大了，老師就不能修理你們。」龔老師說著捲起袖子來。

「我們尊重你，可是你別太過分。」

「老子現在就修理你。」

29　餘悸猶存：形容心中的恐懼尚未平息。
30　鼓譟：群眾一同發出喧嘩呼喊的聲音。譟，音ㄗㄠˋ。
31　內訌：團體內部發生爭鬥不合的現象。訌，音ㄏㄨㄥˊ。

「龔老師，」阿姆斯壯站在固齡玉身邊說：

「你太累了，回去休息吧。」龔老師就要衝上來，但被捕手元寶一把抱住。「喂！幹什麼？鬧革命啊？」對方球員叫起來：

「先打完球再幹好不好？不然你們先買飯給我們吃。」

龔老師在元寶的兩隻胖手裡扭動了幾下，臉孔漲成了豬肝色；固齡玉和阿姆斯壯仍然不讓步。龔老師狠狠的瞪了我們一眼，推開元寶，轉身回到休息室去了。

「陳長達，快說。」

「嘻！天雕隊，再不開始就要判你們棄權了。」主審終於鼓起勇氣，走過來說。

「好，馬上開始。」固齡玉說：

「裁判，我們換投手。」

裁判有些吃驚的猶豫一下，才意會過來：

「可以，請換！」

固齡玉對鍾建國招了招手，鍾建國趕緊跑過來。

「然後怎樣？」

「他們滿壘以後，我們再換投手，在他們不能適應新球路的時候守住。」陳長達說。

「構想很好，」我冷冷的說：

「可是換誰啊？」

「換你。」陳長達說。

「我?!」不只我吃了一驚。

「你是左手的，你平常練的那手高低球，正好和鍾建國的球路相反……」

「少來！」我叫道。

「我從青棒開始就沒當過投手了，我是練著玩的。」

「鍾建國、元寶，先去練球，」固齡玉當機立斷[32]的說：

「何文章下去休息；急先鋒，你和我對投，快！」

「開什麼玩笑？」我說。

「快！爭取時間，聽我一次，好不好？」

這時候我能說什麼？！

我還是沒有完全想起高低球的訣竅的時候，比賽就開始了。下一場要比賽的兩支甲組隊，也已經在場邊看我們耍寶了，觀眾席上，也多了幾十個趕來看下場比賽的人了。

鍾建國果然連投了八隻壞球，把對方第四、第五兩支強棒保送上了壘；捕手元寶起身對主審講了兩句，主審無可奈何的點頭。我要上場了，天啊！

我投完了練習球，陳長達在旁邊對我眨眼睛，真討厭！你不知道我在發抖麼？「急先鋒」，固齡玉叫我。我回頭看到他露出了兩排牙齒：

「假裝，假裝你是道奇隊的費南雷拉，要給洋基隊一點好看。」

這是什麼意思？

元寶對我打了一個投壞球的姿勢，我感到不耐煩，肚子裡餓得發慌，我猛投了一只直球，差點打到了打擊者的大腿。

「嘩！不進壘，不進壘！」對方球員夾雜著國臺語，和日本英語叫道：

32　當機立斷：把握時機，即刻做出決定。

「進壘就轟母掄（homerun，全壘打之意）。」

哼！你們就試試看。你們越叫，我就越慢慢來；我牽制[33]一壘，再牽制，第三次，二三壘也得照顧照顧。

「我不敢投麼？」

我投給你看！

「噫！」

裁判高舉右手，哈哈！高低球，見識到了吧？

我再投，沒進壘的直球，一好兩壞。

我再把拇指、食指，扣住了球的下半部，準備再給他一個高低球的時候，突然瞥見紀仲雄跑出了休息室，對我平攤著左手，這是平常我打給他的暗號，什麼？三壘跑者離壘太遠麼？好！

▲查查看，說說看，寫下來：棒球運動中，「暗號」的功能有哪些？

我做了一個很大的牽制動作，向一壘手的鍾建國砸過去，他嚇了一大跳，一壘跑者很快的滑了回去，我一個轉身，快傳三壘，好小子！果然上當，他以為我真的傳出去了，連重心都已偏離三壘。陳長達拿球追他，他向本壘衝，球回本壘，他又折向三壘跑，我跑到本壘補位，他果然又折回來。叫你死在我手裡，還撲壘，嘩！我被他撞得

33　牽制：棒球運動中，指投手或捕手傳球給壘手，防止對方跑壘員有盜壘動作的行為。

四腳朝天，但我趕緊爬起來，裁判跟著我高舉右手。一出局了，二三壘有人。

「別得意，下面給你好看。」在本壘旁邊拿著球棒的傢伙對我說。我對他笑笑。我回到投手板，元寶打給我保送他的暗號，可以！

又滿壘了，我回頭看看固齡玉，他又露出牙齒對我笑，陳長達鎮定如常，鍾建國蹲在一壘邊賊頭賊腦[34]，其他的球員也都走動起來，中堅手阿姆斯壯跳了跳，腳底飛起了幾塊泥濘。

我給了一個高低球以後，又連投了兩個快球，一好兩壞，他的眼睛裡露出了一絲精光，他已經發現，我只用高低球投好球了。嘿嘿！費南雷拉也沒有這等詭計。我看他好整以暇[35]的樣子，我給他一記中間的快速直球，可是好球哩！他打了，未中球心，球高彈起來，固齡玉衝上來接到，直傳本壘，好球！兩出局了，還是滿壘。

觀眾裡有人鼓掌了。對方輪到第八棒，弱棒，先吊一球，一壞，別急！高低球來也！沒揮，壞球?!混帳主審！這怎麼是壞球？元寶叫我別急，我牽制一壘，差點鍾建國沒接到，球回來，我投了！高低球，糟糕！暴投[36]，還好被元寶擋下來，三壞，滿壘。

「再牽制也沒用啦！」

「蟲母掄吶！」

我又牽制了兩次。

34　賊頭賊腦：形容行為鬼祟的樣子。

35　好整以暇：形容人在紛亂中，悠閒不急迫的樣子。

36　暴投：棒球運動中，投手投出的球過高、過低或離本壘壘包太遠，致使捕手無法處理的情況。

「出球啊！」

我望望休息室，龔老師廖老師不再夾著小季先生，而和沒有上場的隊友站了出來，小季先生也站了出來。

元寶再喊暫停，內野手開會，連阿姆斯壯都從外野跑回來。

「不要怕，給他打。」

「已經投得很好啦……」

「這兩下就很夠面子了……」

我點點頭，他們跑開了，是啊，比起剛才，我已經夠盡職了呀！給他們得幾分又如何呢？但是我一踏上投手板，就無法再釋然³⁷了，是誰說過的呢？

「在投手板上的人是最寂寞的。」

我不能讓他們得分！

「哐！」好清脆的聲音，他把我的一只內角直球打成了界外全壘打，觀眾又歡呼，又是好惋惜。

「沒關係，沒關係！」

固齡玉的聲音是勉強而酸澀的，沒有人不在乎吧？

牽制已經失去意義，因為三個跑者都不離壘了，打者虎虎生風³⁸的搖著棒子，我的高低球已經沒有把握，只有投直球了，他揮了——

「哐！」

球直飛中外野，把我的眼淚都打了出來，我看到阿姆斯壯跑的樣子，就已經不抱希望了，漫天細雨裡，我根本找不到球的軌跡，阿姆斯壯碩大的身軀飛躍起來，一個觔

37　釋然：因疑慮、問題消失而感到放鬆。
38　虎虎生風：形容氣勢雄壯，威武不凡。

斗栽下來,在積水的外野草地綻出一大片的水花來,他還不能停止,在地上滾了兩滾,他高舉手套什麼,我沒弄錯麼?等到他把球從手套拿出來,裁判才舉起手來,表示出局,觀眾們大聲喝起采來,阿姆斯壯撿起帽子,滿身泥濘的跑回來。鍾建國竟然又蹦又跳的向他跑去。

「鍾建國!回來!」固齡玉叫他。他愣了一下,不明所以的樣子,但是隨即在大家鎮靜的眼光之中,有模有樣的小跑步回來了。

大家面對面,卻什麼也沒說,觀眾席上卻出現了自動的啦啦隊。零星的聲音,又漸漸的匯成了有組織的運動。

「天雕隊,加油!天雕隊,加油!」

還有一位唯恐天下不亂的傢伙,把我們的隊旗借了上去,觀眾也跟著他的揮動叫起來。我們輪到第八棒,三壘手陳長達打擊,他站在打擊區旁邊,聚精會神的觀察對方投手的球路。說也奇怪,和他同隊了十年,竟然從沒有留意,他是這麼樣一個人。從少棒開始,他都只是副將,體型也一直屬於中下,可是他從沒有放棄棒球的念頭,直到青棒末期,他才因為防守好,終於當上了正選的三壘手。

他一上去就連吃了兩個好球,他退出打擊區,沉思了一下,再等了一個壞球,他出棒,球落游擊區,在一壘前被封殺,觀眾席上的加油聲頓時空洞了下來。

下面是第九棒,鍾建國上了。我看他的表情,就知道他要被三振了,這是一個天大的悲劇,也是最無可奈何的事。我們最後的一場比賽,最後一個打者,就是我,急先鋒符先鏞。

果然,兩好一壞,鍾建國掄空了兩次。陳長達又跑到我身邊,對鍾建國做了一個分段挑球的揮棒姿勢,對我

說：

「沒有錯，是這麼打，固齡玉和阿姆斯壯也同意。」

「哐！」

好清脆的一聲，打出去了，球飛到全壘打牆邊，但是個界外球，鍾建國已經沒命的跑到一壘去了，又回來重打，觀眾們不大確定的鼓掌了幾下。

對方的投手很有經驗的配了一隻慢速墜球，鍾建國出棒太快太猛，掄空以後一個踉蹌，又跟剛站起身的捕手撞了一下，頓時坐在地上。觀眾們帶了「我早知道他不行」的意味笑了起來。

「都靠你了。」陳長達對我說。真是一個奇怪的人，不累嗎？

我在一好一壞以後照他的辦法出棒——

「哐！」

好球，觀眾也猛叫好，我撒腿就跑，我隱約的看到球直往右外野飛，至少是二壘打！我衝向一壘，卻聽到一陣嘆息聲，接著是更大的叫好聲；我抬頭，看見對方的右外野手緊握著手套，在外野草地上滑行了好遠，被他接到了。我們的棒球生涯，也這樣結束了。

與對方握手，向觀眾致意以後，我們回到休息室，紀仲雄卻從記錄台跑回來。

「你去哪裡？」

「我去向主審道歉。」

大家沉默了一陣。

「還道什麼歉？」有人喃喃的說：

「以後又不會打球了……」

大家又沉默了。下一場比賽的球隊，已經進駐了休息

室，我們只有把東西搬出來，攤坐了一地，大家似乎都不願開始收拾。

「小季先生，」固齡玉過去對他說：

「你如果要走的話，我們不會再攔你了。」

小季先生似乎要維持自己的尊嚴似的點點頭，固齡玉又說：

「如果你要告我們妨礙自由，告我一個人就好了，不要把每個人都牽連進去。」

小季先生眼睛盯著地面。今天這件事，可能是他有生以來最大的屈辱了吧。他想了一會兒，抬起頭望望我們，還是用他那副吊兒郎當的神情，誇張的聲調說：

「是我自己要留下來看球的，你們打了一場好球，我要代表天雕食品企業謝謝你們。」

我有沒有弄錯？這是小季先生？我從沒想到，他會是這麼能收能放的人物。

「我從沒想到，你們可以打得這麼好。」

小季先生用演講的語調，拖長著某些轉折的聲音說：

「不愉快的事情，我們就不要談了。我也很抱歉，沒有能夠維持這支球隊的生命。我必須很慚愧的承認，在董事會投票，是否要解散這支球隊的時候，我也沒有投反對票……。公司的財務，也真的是有困難，而董事會對球隊，也一直印象不佳，對一些不愉快的事，又一再提起……」

「小季先生，」阿姆斯壯說：

「我不會講話，可是你自己說過，不愉快的事，我們不要談了。我們不是什麼好球員，練球不認真，工作又不勤勞，還常常喝酒、鬧事、賭錢、打架。所以，你們支持

了一年半，已經是很難得了。但是，我希望，你們以後，如果還有養球隊的意思，一定不能希望，錢拿出來就要有成績，還應該出精神、出頭腦。困難一定是很多的，需要我們大家來解決。你們出的是錢，我們出的，是我們的青春，這兩樣都是我們應該愛惜的資源。所以我們應該同心協力，把這些資源好好利用，對不對？」

「好球！」我們不禁用口頭禪喝采起來。

小季先生連連點頭，說：

「對，對，對，我實在很慚愧，這樣吧！我請諸位吃晚飯，大家好聚好散……」

「我想不用了，小季先生，」固齡玉說：

「我們髒得要命，也不適合去餐廳臭別人 [39]，這些球具，我們會繳到公司的。」

「不用不用，」小季先生連忙說：

「這點主我還做得了，諸位就把這些球衣球具當作紀念品吧。至於吃飯的事，既然今天不方便，那就改天吧。日後，諸位要是有什麼困難，務必請來找我，只要我小季幫得上忙，一定義不容辭，那麼，我現在就告辭了。」

「好的，好的。」

我們目送他離開，他又恢復了筆挺的姿勢，從容的由記錄台出去了。在他的背影消失的時候，我突然有一股叫住他的衝動，我感到一陣鼻酸，恨不得真能扯下臉來，哀求他挽回球隊。

「這小子，」元寶說：

「就會講場面話，剛才要不是阿姆斯壯打斷他，他還

39　臭別人：口頭語。使別人聞到臭味。臭，動詞。

有很多好像客氣，其實是要罵我們的話要說咧。」

「就是！」

若是換了平常，大概每個人都要罵上幾個鐘頭才甘心。但是現在，似乎一切都是白費力氣罷了。

「集合。」

固齡玉突然宣布，大家這才像想起了什麼似的，連忙排成兩列，在固齡玉指揮之下向龔老師廖老師敬禮，龔老師仍然怒氣未消，背過身去說：

「免啦，免啦！」

「請老師對今天的比賽講評。」

「免啦！」龔老師狠狠的甩了甩手：

「你們眼裡早就沒有我們老師了。」

廖老師拉了拉他，說：

「不用生氣啦，一切都過去了，何必還跟他們過不去呢？」

龔老師忿忿的眼光漸漸渙散了，只是仍然凝視著遠方，不肯別過頭來。廖老師又對我們說：

「你們不把老師放在眼裡，也不能怪你們。」

「老師，請不要這樣說。」

固齡玉真是個能夠控制情緒的人，我在緘默的情況下，都已經噙著淚水了。

「我不是在講氣話，」廖老師說：

「這麼多年來，我們實在沒有教你們什麼。抓住你們，就像抓住一個鐵飯碗。但是，我們當時也只有三十多歲，一混就到了四十多了。一個人最重要的時光，就這樣耗掉了。」

「老師，我們也是一樣。」紀仲雄說：

「小時候打球，可以不用念書，長大了可以混飯吃，我們根本沒有付出代價去苦練。現在二十多歲了，一點其他的本領也沒有。」

「唉！」龔老師的表情已經鬆弛了，說：

「你們以後要怎麼辦呢？」

這是多麼難堪而熟悉的問題，其實，我們每個人都隱隱約約的知道，這是遲早要面對的問題，而我們是一次又一次的逃避掉了，現在終於走到了絕地，「再回頭，已百年身」，我不能思議，為什麼會鬼混這麼久，怎麼會把青春當兒戲，毫不吝惜的就揮霍掉了？

下一場球賽已經開始，兩隊受了我們最後奮戰的影響，一開始就高潮迭起，散落在觀眾席上的幾百位觀眾，發出了好幾千人的吶喊。

「我還要打球，」陳長達說，大家都疑惑的望著他，他微笑著說：

「我要去毛遂自薦[40]，一直到有球隊要我為止，等到打不動了，就去做教練，我會想盡辦法，賺錢養球隊，養不起成棒，養少棒，打不起硬式球，打軟式，總之，我絕不放棄棒球。」

「我也要，我也要。」鍾建國附和著。

我不禁把頭垂下來，陳長達真是一個隨時都在進步的人，他實在不應該在我們隊裡。

「可以打，可以打，」元寶的眼睛閃爍著興奮說：

「發明打跑戰術的美國職業名將米勒，身高只有一六三，我們誰比他矮呢？」

40　毛遂自薦：自我推薦。典出《史記・平原君虞卿列傳》。

「我也要打。」阿姆斯壯和固齡玉一起說。

觀眾又起了一陣歡呼，是一隻全壘打，一種奇怪的情緒在心頭鑽動，我想起我們打過的，和被人家打出的全壘打，我脫口而出：

「我不打。」

這也引起了一陣驚愕，我想了一會兒，說：

「我覺得，我沒有辦法對棒球付出那麼多的心力。我想去做事，但是，棒球已經是我生命的一部分，我還會回來，當作興趣，打著玩玩；我也可以出錢，支持球隊，出不了大錢出小錢，小錢都出不了，可以出點力氣，出精神，出頭腦，是不是？對了！為什麼不這樣？我們裡面，不打球的，出去闖；決定要打的，拚命練，有錢的供應沒錢的，有辦法的幫沒有辦法的。我們不一定要很有錢，只要可以養我們的球隊。有錢人不知道怎麼培養球員，可是我們知道……」

「對，對。」

大家鄭重的點頭，但我們的聲音，隨即淹沒在觀眾們揚起的叫好聲中。大家紛紛拿起自己的東西，在阿姆斯壯擎[41]著的旗子後面，魚貫[42]朝出口走去，沒有觀眾留意到我們離去，球賽正打得如火如荼[43]。球場，是一個扇形的舞台，多少的年輕人，在這裡粉墨登場，在這裡投下他們的青春、體力、智力；上場時，一群由四面八方趕來，素昧平生[44]的觀眾向他們歡呼、吶喊、咒罵。成名的，被

41　擎：高舉。擎，音ㄑㄧㄥˊ。
42　魚貫：形容依序排列。
43　如火如荼：形容事物的興盛或景況的熱鬧。
44　素昧平生：從不曾互相認識。

當作偶像、英雄、茶餘飯後的談笑資料。不成名的，如我們，就徹底的從他們的腦海裡消失。我不禁啞然失笑：我們的社會，還沒有到達一個真正熱愛運動，懂得享受健康美的階段，無論是運動員、訓練人員、行政人員、球迷，都還不能把運動當成情緒與力量的疏導，反而大多當成了不正常情緒的發洩工具了。但是，我們不能怪任何人，對不對？看看我們自己，進步是多麼的慢啊！我們走出空洞的大廳，暴露在臺北市的街道之上，大家湊錢準備吃頓飯，固齡玉說：「找個麵攤，喝點生啤酒，替我們的球隊取個名字。」

於是我們又歡呼起來。

四、運動小常識

「牛棚」一詞在棒球運動中通常用以指「投手練習區」或「後援投手群」。此暱稱源自美國，來源說法有二：其一，美國職棒賽場早期就開始有廣告看板的設置，在 1920 年左右，許多美國棒球場的投手練習區圍欄上方常掛著一家名為「Bull Durham」的煙草商廣告招牌。這間廠商名字的發音「Bull Durham」在語速加快時，聽來近似「Bull pen」（牛棚），因此之後大家便習慣以「Bull pen」來代稱此區，且「pen」一字在英文中剛好也是「欄或圈」的意思。另外一種說法為，當投手群聚集在此區練投時，情景類似牛群群聚於牛棚中，所以才會產生這樣的別名。

五、賞析

身為棒球迷的作者在本文中，以即將解散的球隊最後一戰為底本，用淺白、不刻意雕琢的語言，逐步寫出球員們的心境轉折。透過其中一位球員「符先鏞」的所見、所想，作者描繪出人在急速發展的現實社會中，不完滿、不樂觀、殘破的生活與心理狀態，也揭示了雖身為敗戰的「殘兵」仍應積極進取，於人生中為自我目標努力掙扎前進的態度

與勇氣。

　　在寫作方面，以景襯情手法的運用、小說情緒張力的營造、象徵物的使用都是本文值得觀察的地方。首先，在「以景襯情」的部分，文章開端，作者透過「夜幕初籠」、「天色將暗未暗」、「空曠的球場」、「淅瀝的雨」、「濕冷的空氣」等對於時間、氣候、場景的描述，烘托出沉重、消極的敗戰氣氛，預言此戰結局。而文末結局，當球員走出球場時，作者則選用了一個較爲熱鬧、充滿觀眾叫好聲、歡呼聲，打得如火如荼的球賽場景，來呈現球員心境得到轉換後的開朗、解脫。第二，在情緒張力的營造上，作者在文中將整體事件發生的時間集中於八局下九局上，加上懸殊的雙方比分，先行製造了強烈的危機感，隨後球員、教練、贊助商在休息室的衝突、球員一球一棒試圖挽回頹勢帶來的希望感，到最終仍輸球的失落感，通通被塞進這短暫的時間框架中，在極度有限時間中，大量的情緒轉折，更令人感受到情感起伏落差的迅速。對比之下，球員賽後放下一切，重新開始的釋然感，也更顯深刻。最後，在象徵物的運用上，「隊旗」是一個相當明顯的物件，它在文中出現過三次，首段「垂頭喪氣、任雨水蹂躪，孤零零無人願去收拾的隊旗」象徵著這支球隊(球員)頹喪、消極、放棄的心境與處境，中間被觀眾撿起揮揚的它代表著球員心態的轉折，末段被「阿姆斯壯擎著走出的旗子」則意味著拾起信心、尊嚴與人生新里程的開始。

　　球賽與現實人生的高度連結是本文寫作相當重要的一項特徵，其內容除可能是眞實發生於棒球界的問題外，就像魯迅在〈孔乙己〉一文中用咸亨酒店，影射當時社會一樣，它也可以是整體社會的寫照，小說中球員們經歷過的自我放縱、虛度光陰、現實的不如己意與挫折、旁觀者的冷淡與不關心等，事實上是許多人生活中多少會遭遇到的事件，但不論得志或不得志，受到觀眾的冷待或喝采，都應學會以平常心看待，在思考後繼續把握每一球、每一棒的機會，試著踩上一個接一個的壘包，跑回人生的本壘，爲自我生命創造意義與價值。

◎溫故知新：成語「馮諼彈鋏」出自《戰國策‧齊策四》，那是一
　則怎樣的故事？

（林曉薇　編撰）

六、寫作小教室

　　本文後半，球員們在球隊面臨解散時，為自己過去的虛耗青春發出慨歎。即使人常說：「計畫永遠趕不上變化。」然而，在面對無法預知的未來時，有大致規劃與準備的人生，總比茫然地隨波逐流、得過且過好。請試著利用下方的九宮格 SWOT 分析表，並綜合自己未來的理想目標，擬出屬於自己的人生計畫圖。

※ 附表：

緩衝策略 （ST）	優勢 （S）	改善策略 （SO）
威脅 （T）	目標	機會 （O）
轉進策略 （WT）	劣勢 （W）	精進策略 （OW）

表格說明：

1. SWOT 分析：即強弱危機分析法，為一種在制定發展策略前，透過對自身的優勢（Strengths）、劣勢（Weaknesses）及對外競爭上的威脅（Threats）、機會（Opportunities）的評價，進行自我分析與定位的方法，又稱優劣分析法。
2. 緩衝策略：利用個人優勢，減輕或迴避外部威脅影響的方法。
3. 改善策略：發展個人優勢，利用外部機會的方法。
4. 轉進策略：減少個人劣勢，減輕、迴避外部威脅的防禦性方法。
5. 精進策略：利用外部機會，彌補個人劣勢的方法。

七、檢索與思考

㈠ 本文由一開始面臨球隊解散的低落，到最終迎向人生新規劃的積極，鋪陳出其中情緒轉折的過程。請說明作者如何透過對外在場景的描述來襯托氣氛與情感。

㈡ 文中提及令球隊面臨絕境的因素很多，包括：不認真、疲懶的球員，喝酒又無法給予正確指導的教練，無法給予足夠支援的贊助商等。然而，在這些表面的因素外，造成此一情形的共同原因，你認為是什麼？

㈢ 為何一支灰心喪志、面臨敗北的球隊，最後卻能打出一場令觀眾為之加油喝采的好球，其間的轉折關鍵為何？這樣的變化對文中球員們的影響又是什麼？

在洋基球場，王建民做到了

方祖涵

一、導讀

　　本文選自《關於運動，我想的其實是……》。作者以王建民初登大聯盟的第一場主投起筆，斷言大聯盟與臺灣的距離會因王建民的好表現而縮短。有人認為，在王建民登上大聯盟之前，「美國大聯盟是少數人的生冷名詞」，但在他之後，「投一休四是很多人的生活動詞」。自2005年開始，王建民吸引更多臺灣球迷觀賞大聯盟賽事；2018年12月甚至有《後勁：王建民》的紀錄片在臺灣上映，本文描述這股王建民風潮的起源。

　　2005年4月30日美東時間下午1時5分，王建民在大聯盟初登板面對多倫多藍鳥，成為第一個在洋基出賽的臺灣棒球選手，也是臺灣第三位登上美國職棒大聯盟的球員，以及繼曹錦輝之後第二位登上大聯盟的臺灣籍投手。本文敘述王建民初登板時，雖然球隊並未獲得勝投，王建民的表現仍獲得球評及教練的讚譽。作者將王建民與其他競賽的亞裔運動員相提並論，解釋當前亞裔運動員能出類拔萃，除了外在條件及內在心理素質皆見提昇，更具有追求夢想的勇氣。

　　在多元社會中，有些人以安穩為生活目標，選擇留在舒適圈；有人以快樂為首務，鎮日追求小確幸。本文中提及多數在美國職業運動場上與西方球員競爭的亞裔球員們，他們在自己原生國家皆有獨當一面的地位，紛紛選擇放下既有的成就，離開自己的舒適圈，忍受更多重的考驗。他們不停的前進，不停的發現自我，更不停的創造更高的生命價值。

　　王建民從臺灣職棒出發，歷經小聯盟的磨鍊，後來得以享受大聯盟對戰的榮耀，他的個人歷練，讓臺灣與大聯盟的距離，縮短為時差。作者以王建民的首役，預言亞裔球員未來的種種可能。尼采曾言：「殺不

死我的，必使我更堅強。」一位位堅強的球員，必將立於棒球界的最高舞台，享受生命，創造價值。

閱讀本文時，建議注意以下幾點：

㈠ 學習運用想像跳脫框架的遣詞造句技巧。

㈡ 懂得以人及己，透過典範經驗自我提昇。

㈢ 建立正確的人生態度，體會「人生價值」的真正意義。

二、作者介紹

方祖涵（1973-），從高中校刊編輯開始寫作生涯，作品發表於各大媒體雜誌，與擔任經紀人的妻子共同製作「方祖涵的運動筆記」節目，獲得第 52 屆金鐘獎最佳教育文化類節目。身為美國行銷公司分析部門的資深行政副總裁，工作之餘則以運動跟旅行充實生活。著作有《關於運動，我想的其實是⋯⋯ 》。

三、正文與注釋

投完前三局，球評開始稱讚這個臺灣來的小伙子：「他應該在想，原來大聯盟也不過是這樣而已嘛。」對手多倫多藍鳥隊有著整個聯盟當中最貧窮的打線之一，不過卻跟奧克蘭運動家隊一樣是 Moneyball[1]——統計棒球的看板球隊。球員以高上壘率為優先，很少使用積極的跑壘戰術。藍鳥隊雖然在這些年的戰績並不十分理想，卻一直被期待著隨時會有重大突破的一年，絕對不是一個容易對付的對手。

---

[1] Moneyball：這個名詞源出於2003年《魔球Moneyball》這本暢銷書。作者麥克·路易斯（Michael Lewis）以本身的財經專業背景和對棒球的喜好，進而挖掘出奧克蘭運動家球隊經理比恩以數據管理球隊「成功」的故事。比恩帶領甚至選球員的角度，與大聯盟原本的球探體系大異其趣，而是以大量數據主導的「棒球統計學」（Sabermetrics），發掘出極多因外在體能條件被低估的球員。該書於2011年翻拍成為電影，比恩的作法也成了部分大聯盟球隊管理的新方向。

　　然而王建民[2]竟然做到了，前三局投出無安打無保送的完全比賽。要不是後來的一場雨把他的控球搞亂，這個以往在小聯盟三振與四壞球比例是三點五比一，控球十分精準的二十五歲年輕人，或許不會在五局上半出現不需要的保送而失分；要不是八局上，三十七歲的中繼投手戈登讓藍鳥隊唯一的加拿大籍選手，三壘手科斯基擊出追平比數的全壘打，今天王建民就會在生涯成績上寫下第一場大聯盟的勝投。

　　可是就算如此，總教練托雷對於王建民初出場七局的評價還是認為，這是他從一九九六年接任總教練以來，新人投手首度先發最好的一次。「我們球隊裡並沒有太多的球員能夠從小聯盟一路爬上來，然後有好的表現。事實上在過去十年裡只有一個。」他指的是在九六年登上大聯盟的梅朵薩。

　　所以今天王建民做到的事情——在大聯盟最具代表性的球隊裡，成為終止三連敗的救星——絕對是一個歷史性的表現。洋基隊以幾乎毫無上限的預算著稱，農場[3]裡的年輕好手只是季中或是季末交易的籌碼。事實上，如果不是王建民在去年球季的交易終止日之前，被當時擁有蘭迪‧強森[4]的響尾蛇隊嫌棄，今天就不會有青天白日旗出現在矗立已八十二年的洋基球場。

2　王建民：生於1980年，為著名的旅美棒球投手，是臺灣第一位在美國大聯盟季後賽出場的球員。2006年成為大聯盟亞裔的第一位勝投王。2007及2008年皆入選時代雜誌全球百大影響力人物之列。2018年返臺傳承棒球經驗。

3　農場：每一支美國職棒大聯盟球隊都有數個小聯盟（Minor League Baseball）球隊，作為旗下球員調整的處所，以提供培養、訓練、復健和比賽機會。小聯盟球隊通稱為農場球隊，或稱為附屬大聯盟某球隊的農場系統。

4　蘭迪‧強森：Randy Johnson，2015年登入美國名人堂，因球速及控球能力被譽為神之左手。

　　美國的四大職業運動裡，職業籃球在王治郅敲開大門之後，已經有姚明、河昇鎮以及田臥勇太作爲代表性的亞裔人物；美式足球也有數名越南、韓國跟日裔的選手，今年[5]雖然備受注目的球員提米‧張並沒有成爲第一個在選秀當中入選的華裔四分衛，他還是在選秀結束之後跟亞歷桑那紅雀隊簽約；而棒球就更不用說了，從野茂英雄踏上大聯盟的投手板以來，越來越多的亞裔球員進入這個夢想的殿堂。這樣的現象可以證明亞裔的新生代，在飲食習慣的改變以及成長環境的進步之後，身體的對抗性越來越接近其他的人種。在奧運會當中，中國的大幅進步也是相同的證明。

　　除了外在條件的改變之外，亞裔運動員在心理上的建設也越來越成熟，越來越有追逐夢想的勇氣。這些新生代，不管是已經登上大聯盟或是還在農場裡奮鬥的球員，多半有其在國內獨當一面的資質，他們卻做出了不一樣的選擇。雖然高額的簽約金是其中不少球員的誘因，可是不管怎麼說，在小聯盟的舟車勞頓[6]跟割喉競爭[7]，仍然是選擇這條路之後，所有球員必經的過程。如果說能夠在這樣的環境之下堅持與成長，是這些新生代運動員的特質，那前景是非常值得期待的。

　　法蘭克‧辛納屈唱著：「If I can make it there, I'll make it anywhere」，王建民已經從哥倫布市踏進了紐約市，不管他最後能不能立足紐約，還是會有愈來愈多的亞裔球員踏進相同的球場。這一切都將會是十分美好的，畢

5　今年：本文撰寫於2005年。
6　舟車勞頓：形容旅途疲勞困頓。
7　割喉競爭：形容競爭情況的激烈與殘酷。

竟地球是一個越來越小的地方。就像今天在轉播當中，紐約的電視台打出臺灣的當地時間，是凌晨三點半——對於在電視前面或是網路前面的球迷來說，不管身在何處，跟星條球衣迎風飄颺的洋基球場唯一具體的距離，只剩下時差而已。

▲查查看，說說看，寫下來：「If I can make it there, I'll make it anywhere」是法蘭西辛納屈（Frank Sinatra）演唱的「New York, New York」一曲中的一行歌詞。如何翻譯這句歌詞？紐約洋基隊主場比賽時如何運用？

四、運動小常識

在棒球比賽中，每位選手輪流負責打擊，守備與跑壘。然而不論打擊或守備或跑壘，大多是輪流的工作，屬於單局偶一為之的運動。只有投手這個身分，在守備時必須以一戰多，很容易過度使用自己投球的肩肘，也因此有「投手肩」及「投手肘」這兩種運動傷害的稱呼。投手的肩部傷害，相關的症候群包括了：肩峰下滑液囊炎、旋轉肌袖症候群、旋轉肌袖損傷、盂唇前後病變、夾擊症候群等，若以功能問題分類，大致可以分為關節以及肌力兩大類。若是關節方面的問題，必須針對有問題的關節進行伸展，也要練習不會造成肩膀負荷的投球方式。至於投手肘（或稱棒球肘）則因部位不同，分為內側型、外側型及後側型三種。罹患投手肘，前臂肌群的肌力強化訓練及伸展運動都非常重要，也可以適時以貼紮提升肌力。

五、賞析

　　本文題目爲「在洋基球場，王建民做到了」，地點及主角都在題目出現，而王建民做到的事件則隱而未言，作者於題目便勾起讀者的好奇，對啊，王建民做到了什麼？

　　從第二段中，作者說「（藍鳥隊並不是一個容易對付的對手）然而王建民做到了，前三局投出無安打無保送的完全比賽」，這是王建民做到的事。再到第四段，作者又加碼提到王建民「在大聯盟最具代表性的球隊裡，成爲終止三連敗的救星」，也是當天王建民做到的事情。以上皆爲作者於字面上提出王建民做到的事，到了第六、七段，作者拉高立論，將王建民做到的事拓廣到亞裔球員的層面，對眾位亞裔球員有著「有爲者亦若是」的期待。王建民做到了什麼？在 2005 年 4 月 30 日當天那場比賽，王建民投出前三局無保送的完全比賽，成爲洋基隊可以中止三連敗的救星，更成爲亞裔球員的表率，讓大聯盟球賽與亞洲的連繫更爲緊密。

　　人具備了自由意志，在洪水般的物質刺激之下，卻常被歡樂淹沒，唯有認清自我，懂得致力於追求幸福的人，能夠自我控制，也才能具有眞正的自由。作者提到王建民在農場裡奮鬥，經過小聯盟的舟車勞頓及割喉競爭，仍保持著追逐夢想的勇氣。勇氣絕對不同於衝動與激情，肆無忌憚、放蕩不羈的「just do it」往往缺乏自我節制，難以縮短自己與夢想之間具體的距離。

　　本文內容輕鬆易讀，十分有趣；由王建民的成就拓及亞裔球員的人生價值，勵志有用；文中分析了大聯盟兩隊的部分統計數據並描述美國各大體壇的亞裔球員現況，見聞有料；至於書寫筆法時而清晰說明，時而描寫優美，兼顧美學與知識，極有吸引力。

　　下個世代的職業別，至今仍濛昧不明，能力規劃將比職業規劃重要，心理素質愈強的人，愈有能力面對未來。王建民做到的，我們何嘗不行？

◎溫故知新：什麼是「舒適圈」？什麼是「小確幸」？

（范曉雯　編撰）

六、寫作小教室

在寫作的時候，如果懂得突破現實框架，往往能帶給讀者更大的想像空間，比如 J.K. 羅琳用了「九又二分之一月台」製造出魔幻的場景，或是陳黎在新詩〈小宇宙〉中，以「一粒骰子在夜的空碗裡／企圖轉出第七面」創造出不可思議的迷幻，這些寫法都算是突破了現實框架的藍海邏輯。而本篇作者在文末，以「不管身在何處，跟星條球衣迎風飄颯的洋基球場唯一具體的距離，只剩下時差而已。」把距離的空間感轉成了時差的時間感，強調任何人只需克服時差的壓力，就可以觀看大聯盟球賽，也是極為搶眼的藍海選詞。而這種邏輯可以讓文字展開不可思議的飛行。

因而，文字若能夠跳躍出「一般用途」，往往能成為全文的亮點用法。作者於首段寫「多倫多藍鳥隊有著整個聯盟當中最貧窮的打線之一」，貧窮原意指的是缺乏錢財，生活拮据，在作者筆下變成了最沒有打擊人才的說法。活用了這個形容詞，也是一種運用藍海邏輯的書寫。再如張曉風在〈常常我想起那座山〉寫著「一片大地能昂起幾座山？一座山能湧出多少樹？」，前句用「昂首」的姿態寫山的崇偉，後句用「洶湧」的意象寫樹林的茂密，這是另一種活用動詞的藍海書寫。

請思考並回答下列問題：

(一) 以下每個句子缺空處都有一般用途以及藍海思維兩種選項，請選出較佳的選項：

1. 沒有酒的時候／到河邊去捧飲自己的影子／沒有嘴的時候／用□□呼吸
   （洛夫〈湯姆之歌〉）　　　　　　　　　甲：鼻孔　乙：傷口

2. 向日葵比麥桿高出一倍，挺直的株幹燈柱一般把花盤托舉到高處，每一□金碧輝煌都那麼神氣，滿田呢，就更具集體而盛大的氣象。（余光中〈莫驚醒金黃的鼾聲〉）　　　　　　　　　　　甲：朵　乙：盞

3. 驛站中途雨／落在馬頭琴上／翻過這座山／哀歌也該□□了。（簡媜《我為你灑下月光》）　　　　　　　　　　　甲：止歇　乙：放晴

4. 眼淚太累，就打起瞌睡，咚地從臉頰摔下來，連□□聲都珠圓玉潤啊。（李進文〈另一種傷心〉）　　　　　　　甲：滑落　乙：骨折

㈡ 請以藍海思維，完成下列各個句子

5.「一鍋杜鵑被地氣□□了一個冬天，三月裡便忍不住□□□□起來，成日裡□□□□，把一座死火山開成了活火山。」（張曉風〈準點及其他〉）
本文中描寫杜鵑花像火山般盛開的文字，用哪些詞語比較活靈活現？

（原作）蒸熬／沸沸揚揚／噴紅濺紫

6. 涉過時間的流域而能衣屐不濕的是什麼呢？……（簡媜《下午茶》）
作者思考著通過時間之流漂洗的人事，有哪些可以不受改變。請往後接寫，至少 20 字。

（原作）一段箴言嗎？歃血的那只銀杯嗎？懸掛在壁上的版圖，還是流蘇帳裡的枕上鴛鴦？

七、檢索與思考

㈠ 請檢索全文，解釋作者認為王建民「做到了」的事情分別為何？

㈡ 請分析全文，說明作者認為運動員值得期待的特質有哪些？

㈢ 投身棒球運動，大聯盟可能是夢想的殿堂；你投身的運動為何？有沒有自己夢想的殿堂？請簡述之。

不停前進的夢想

方祖涵

一、導讀

　　本文選自《遠見》雜誌。作者透過陳偉殷及曾仁和兩人相仿的事件，提出「只要堅持夢想，好事總會發生」的領悟。陳偉殷初次站在大聯盟投手板，因爲之前設定的理想已達成，結果在頓失目標的慌亂中，他面對第一位打者便被擊出全壘打。同時，也在這種震撼現場，他認清「站上大聯盟」只是一個階段目標，也立下「在大聯盟打出自己的一場球賽」的下一個夢想，作者藉此提出「夢想必須不斷更新」的想法。陳偉殷及曾仁和兩位棒球運動員，站上棒球員夢寐以求的大聯盟舞臺，仍免不了因爲壓力而表現失常，可見得運動員除了體能素質必須反覆磨練，心理素質的鍛鍊更是重要。在《洛基》系列電影中，主角有句極爲激勵人心的話：「你能出多重磅的拳並不重要，更重要的是你能承受多大的拳擊仍堅持不退。」在臺灣棒球界立於高人一等地位的陳偉殷，仍願意不斷承受不同磅數的考驗，向更高的等級挑戰，令人敬佩。人生有夢最美，夢想可以使人成就卓越。然而，高遠的夢想仍需要設定不同層次的目標，只有目標，才能讓人們走向夢想。作家村上春樹在中學時期設定了作家夢，他先立的目標是每年需讀完多少書；作家史帝芬金也有作家夢，他立的目標是每天寫 5000 字，著作等身的成就由此累積。夢想，是一種想法，目標則是可以採取行動，採取行動，能日起有功，產生結果，有目標的生活使人成就有意義的人生。

　　閱讀本文時，建議注意以下幾點：

㈠ 學習具體記敘事件的技巧。

㈡ 認知挫折與磨難都是雕塑能力的機會，把握機會便能創造新局。

㈢ 體會人生是場馬拉松，爲各階段設立不同目標能夠將人生活得更有
　　意義。

二、作者介紹

　　同〈在洋基球場，王建民做到了〉一文作者。

三、正文與注釋

　　前陣子陳偉殷[1]接受福斯電視台的專訪，被問到「在職棒場上多年的征戰，有沒有曾經緊張的時候」，十一月初趁著主持座談會的機會，我又再問了他一次。在他清楚的描述裡，那段突然而來的慌張情緒出現在二○一二年的四月十日，是他在金鶯隊的初登板，也是首度正式登上大聯盟職棒的球場。

　　「當下我的第一個感覺，就是已經站上大聯盟舞台，所以算是達成了我的夢想。可是當達成夢想，站上大聯盟的舞台之後，覺得好像就已經結束了。

　　或許可能是因為失去目標，我突然覺得有點慌張。我遇到第一棒基特的時候，連續三顆壞球，完全投不進去，那時候真的是腦袋一片空白。捕手衛特斯上來說了幾句話，接下來是兩顆好球，丟到兩好三壞，想說有機會解決基特，接著很順地投出那顆球，結果「乓」的一聲，轉頭看到中外野手瓊斯往後跑，球就飛了出去。」

　　金鶯隊原本就是一支小市場[2]的球隊，在洋基王朝的巔峰時期，雖然這場比賽在巴爾的摩進行，場內觀眾多半還是替紐約加油。出乎意料的敵隊聲勢、初次登上大聯盟的壓力，加上夢想達成，頓時失去目標的迷惘，讓陳偉殷

1　陳偉殷：生於1985年。2004年成為臺灣第一個以學生身分加入日本職棒的球員，2011年自日職轉戰美國大聯盟，2019年隸屬於馬林魚隊，年薪2000萬美金，為旅外球員薪資最優的運動員。
2　小市場：指球團相關事業的經營規模不大，或是球迷不多。

感到從所未有的緊張。說實在的，在球場上無數排列組合裡，被首位對手擊出全壘打，應該是最糟糕的一種。

「然後我就清醒了，我有了新的目標——我要開始在大聯盟投出屬於我自己的比賽。」陳偉殷說。

「原來這一切，只是下一段夢想的開始而已。」

最後，那場比賽他投完五點二局，面對好手如雲的紐約洋基，最後只有兩分責任失分[3]，還投出六次三振。那天除了幾乎從不缺席的太太以外，他的爸媽也特地從臺灣飛來加油，雖然被換下場時與比賽勝敗無關，仍然帶給金鶯隊深刻的第一印象。

聽到這段話，突然覺得內心深處有甚麼力量被喚醒。原來連中央聯盟的防禦率王到美國也會覺得緊張；原來，夢想不是不能改變的，它需要一直被更新，就算是在比賽當下，幾萬名觀眾的面前。

而且，原來看起來很糟的開始，有時候竟然是件好事呢。

說到初登板被全壘打打醒，在小熊隊的新秀曾仁和[4]今年也有一模一樣的經驗，「不過我被打醒之後，馬上就被總教練換下來了。」

還好緊接的下一場比賽，曾仁和就拿到了勝投。

反正只要堅持不放棄，時間到了，總有好事會發生的。

3　責任失分：又稱為自責分（Earned Run，通常記為ER），在棒球比賽裡指的是對方的得分當中，歸責於投手投球所造成的分數。

4　曾仁和：生於1994年，高中時期曾多次跳級加入中華成棒代表隊。2013年，與小熊隊簽下小聯盟合約。2017年，獲頒小熊隊農場年度最佳投手獎；同年9月14日，於小熊隊主場先發，成為臺灣第14位登上大聯盟的選手。

▲查查看，說說看，寫下來：棒球運動中，什麼是「勝投」？如果
該場比賽有多位投手上場，「勝投」歸屬於哪一位投手？

四、運動小常識

　　完整的運動過程包含熱身運動、主運動及緩和運動三部分。主運動
建議持續 15 分鐘以上對心肺功能的強化或肌耐力的訓練才有效果，如果
是心肺耐力較差的人，則建議每次 10 分鐘，運動多次來累積。然而，無
論運動時間長短，運動前的熱身與運動後的緩和伸展皆不可以少。

　　暖身運動可以增加血流量及攝氧量，增加神經的傳導與反應性、高
循環血流及攝氧量，以及減低關節僵硬性。暖身的主要目的是為了讓身
體各部份運動器官得以達到適當活動度，使得肌肉、骨骼、關節各部功
能皆達到一定的預備活動狀態。

　　如此一來，一旦遇到突發狀況，身體的緊急應變反應可即時做出反
射，而不會有超出身體所能負荷的活動度的產生。另一方面，也可有比
較好的運動表現。一般而言，熱身 15 到 30 分鐘，可以維持 30 到 45 分
鐘，所以太早熱身幫助也不大。

五、賞析

　　作者藉由臺灣棒球界明星陳偉殷的小故事，引出「夢想必須不停升
級」的主題，這個主題適用於各種階段，取名人為主角，便有吸引力，
作者再以小故事穿插大道理，也使得很容易落於枯燥說教的主題，極有
說服力。

　　全文先從陳偉殷的兩段專訪開端，引出陳偉殷親口回覆的答案。前
段專訪來自於美國福斯電台，點出陳偉殷受重視的程度不只限於臺灣。
陳偉殷的親口回覆既強化了訊息的可信度，也指出這個年月日分外明確
的「緊張時刻」，對陳偉殷本人的影響程度極其深重。

　　文章前半以引號標出的敘述，畫面感十足。藉由文字描述，讀者可以看到一位理想達陣的東方男子，站立在投手板上：原本意氣風發，在投出兩好三壞球之後，神情顯得惶恐；當對手擊出全擊打之後，自信全然潰堤。運動員在球場上，上萬觀眾發出的聲浪，無論賀采或倒采，必定影響士氣，陳偉殷初登板的迷惘影響了他的表現，幸而壞表現令他重新思考人生，有了新的目標—「原來這一切，只是下一段夢想的開始而已。」

　　藉此，作者推出全文的主題：夢想需要一直被更新。

　　文章後段，作者再以曾仁和的小故事為補充，說明球員有壓力是常態，「堅持不放棄，好事必會發生」，不好的開始未必沒有美好的結局。兩個出身高雄的運動員，從少棒隊展開運動生涯，現在能立足於美國大聯盟，肇基於勇敢作夢，努力實踐，持續自我挑戰，在每一個階段都堅持不放棄，夢想不斷升級，職業生涯則必然完美無悔。

◎溫故知新：「好手如雲」的意思是什麼？還有哪些情況可以運用
　　「……如雲」來形容？

（范曉雯　編撰）

六、寫作小教室

　　記敘文不外乎動態與靜態的描寫。作者於本文中以陳偉殷的話語呈現著動態事件，他寫「我遇到第一棒基特的時候，連續三顆壞球，完全投不進去，那時候真的是腦袋一片空白。捕手衛特斯上來說了幾句話，接下來是兩顆好球，丟到兩好三壞，想說有機會解決基特，接著很順地投出那顆球，結果『乓』的一聲，轉頭看到中外野手瓊斯往後跑，球就飛了出去。」以順敘方式交代他遭遇第一棒的實況，除了寫事件，也夾寫出心情，比如連續三顆壞球時，「腦袋一片空白」；同時，也加了聽覺感官，用「乓」的一聲，摹狀球擊球棒的聲響。

　　該段文字明暢地寫出陳偉殷遭遇到第一次的挫敗。動態書寫，就該如此，用客觀訊息鋪陳，再以主觀感受創造精彩。

　　日本棒球員鈴木一朗 2012 年自水手隊被交易給洋基隊，以下資訊來自鈴木一朗換上洋基球衣對戰舊東家的一場戰役。請以下列客觀訊息為主，佐以主觀感受（五種感官），書寫一段 400 至 800 字的短文。

㈠ 七月二十四日，洋基與水手隊簽約交易鈴木一朗，當天兩隊就在西雅圖水手隊的主場比賽。

㈡ 鈴木一朗在一壘後方主場球隊的休息室舉行記者會，之後就穿過球場走向三壘後方的洋基休息室，換上新的三十一號球衣。

㈢ 第三局上半鈴木一朗走上打擊區，場內一萬多名水手隊的球迷，起立鼓掌，許多球迷拿著臨時製作的海報「謝謝 Ichiro」、「一朗第一名」、「再見了，一朗」高聲歡呼。

㈣ 一朗短暫退出打擊區，脫帽向所有球迷鞠躬。走回打擊區的一朗，立刻擊出了當天洋基隊的第一支安打，並且迅雷不及掩耳地盜上二壘，乾淨俐落地完成了「從最多敗的球隊（水手），轉隊到最多勝的球隊（洋基）」的儀式。

七、檢索與思考

㈠ 請敘述陳偉殷在 2012 年的 4 月 10 日曾經歷格外慌張時所發生的事情，並歸結出他慌張的主因。

㈡ 在你的經驗中，是否發生過類似陳偉殷格外慌張的經驗？請敘述發生的經過、你個人的應對方式以及最後的省思。

㈢ 你相信「堅持下去，一定會有好事發生」的樂觀想法嗎？請說明理由。

籃球

Basketball

現今美國麻塞諸塞州的春田學院（前身為基督教青年會國際訓練學校）是籃球的發源地。起初並沒有特定的規則，只是以足球投擲固定在牆上裝桃的籃子，所以取名為籃球。

1891 年　加拿大籍體育教師詹姆斯‧奈史密斯（James Naismith）發明籃球運動。

1895 年　籃球運動傳入中國。

1932 年　於瑞士日內瓦成立國際業餘籃球聯合會，後更名為國際籃球總會（FIBA）。在職業聯賽中，則以美國國家籃球協會（NBA）最為世人所熟知。

1936 年　籃球被奧林匹克運動會列為正式競賽項目。

1950 年　首次舉行世界男子籃球錦標賽。

1953 年　首次舉行世界女子籃球錦標賽。

1978 年　臺灣開始舉辦威廉瓊斯盃國際籃球邀請賽。

1987 年　臺灣將全國大專盃籃球錦標賽改為大專校院籃球運動聯賽（UBA）。

1988 年　臺灣創立高中籃球聯賽（HBL）。

1993 年　中華職業籃球聯盟（CBA）成立；1998 年解散。

2003 年　中華民國超級籃球聯賽（SBL）委員會成立。

2020 年　3X3.EXE PREMIER 2020 聯盟賽（3 對 3 國際籃球賽）在臺中舉行。

喬登／上帝化身或使者

徐望雲

一、導讀

本文選自《絕殺 NBA：徐望雲運動文學集》。全文旨在說明前 NBA 明星球員麥可・喬登並非上帝化身而是上帝的使者，他帶給世人啟示，豐富而深刻。

八○年代中，臺灣開始瘋迷 NBA 球賽；到了二十一世紀，紐約出現了意想不到的「林來瘋」現象。作者長期關注美國職業籃球，看球、打球、寫球，他以獨到的筆觸帶領我們從不同的角度，欣賞籃球大帝喬登的籃球殿堂。

飛人喬登在 1984 年跨入 NBA，球員生涯中拿過六次 NBA 總冠軍，六次都在他的籃球「原鄉」——芝加哥公牛隊拿下。其間有兩年為了圓棒球夢，他跑去打棒球，以致公牛隊也連著兩屆空手而歸。喬丹曾兩度宣布退休又復出，第三次也是最後一次退休在 2003 年。他離開公牛隊之後，曾待過華盛頓巫師隊兩個球季，每季仍能拿下平均 20 分以上的成績。

不過，他在巫師隊做了什麼，現在很難有人再提起。但是在那一代球迷的腦海中，永不會磨滅的印記是：1998 年的總冠軍賽，公牛隊原本奪勝無望，但是最後 20 秒，已經 36 歲的老喬登拚命抄下對手的球，在完場前 5 秒，全場球迷的嘩然聲中，投進致勝的最後兩分，拿下他球員生涯最後一枚冠軍戒指。這致勝的最後一擊，永遠烙印球迷心中。這份永不放棄、逆境中勇敢搏鬥的精神，正是本文的寫作用意：作者藉由喬登事蹟激勵人們鼓起勇氣；也讓人們相信，這個世界會更美好。

閱讀本文時，建議注意以下幾點：

㈠ 引用名人事例來支持觀點的寫作手法。

㈡ 思考成功的意義與原因，培養堅毅的精神與毅力。

二、作者介紹

徐望雲，本名徐嘉銘（1962-），輔仁大學中國文學系畢業。曾任《聯合文學》、《時報周刊》編輯，現任溫哥華《星島日報》記者。具多年國內外球賽採訪經驗，致力推廣運動文學寫作，著作有《絕殺NBA：徐望雲運動文學集》、《決戰禁區》、《林書豪與NBA》等。

三、正文與注釋

　　麥可・喬登第一次被人拿來與上帝放在一起，是一九八六年NBA季後賽，在東區對上當時「大鳥」博德[1]還在的波士頓塞爾蒂克隊[2]時，個人拿下六十三分後，被博德驚歎為「今晚，上帝化身喬登來與我們打球」。

　　在西方的格言中，只要扯上上帝，都會指向超越常人的能力，例如「上帝為你關上門，一定會為你開一扇窗」，表面上是用來勉勵殘障者能夠努力向上，尋找並開發自己被遺忘的潛能，但上帝能「隨意」關門開窗，就暗示著祂的無所不能。

　　博德當年的一番恭維，等於是說喬登的籃球技藝「無所不能」，因此，為了方便稱呼，臺灣的媒體很多時候，就直呼喬登是「上帝化身」或「籃球大（上）帝」。

　　不過，同樣系出於博德那句話的精神，我多半還是喜歡用「上帝派來教人類打球」來形容喬登。我不知道有沒有其他NBA的作家或球評也這麼使用，不過，在北美時間

---

[1]　博德：Larry Bird（1956-），美國NBA運動員，暱稱大鳥，與魔術強森（Magic Johnson）是1980年代的NBA的風雲人物。其職業球員生涯全部在波士頓塞爾蒂克隊度過。

[2]　波士頓塞爾蒂克隊：美國波士頓的一支職業籃球隊，原名Boston Celtics，成立於1946年，是NBA史上獲得總冠軍最多的球隊。因球衣的顏色，球迷暱稱其為綠衫軍。

二零零三年四月十七日披著巫師[3]（Wizards）戰袍與費城七六人隊[4]打完最後一場例行賽後，兩退三出的喬登，宣布第三次退休。以他四十一歲的體能，再加上連續兩季，沒有照他先前的期望把巫師帶進季後賽。看來，他這次的退休，再回來的機率幾等於零。值此之際，再回顧他近二十年的職籃生涯，依然覺得這個籃球界的傳奇人物與上帝之間，應該還是一種主從般，或上帝與使者、或總統與總統府發言人之間關係。

　　那麼喬登代表上帝教給了我們什麼？

　　很多人會歸於他的得分能力，但得分能力，說實話，光是張伯倫[5]單場一百分的紀錄，就足以令人倒抽一口冷氣，遑論喬登。

　　六枚冠軍戒指？一九六零年代，波士頓塞爾蒂克八連霸王朝，至少就讓該隊主將羅素[6]手上戴了八枚冠軍戒。當然，我們不能否認，如果喬登不要在九三年～九五年兩個球季跑去打棒球的話，這兩個球季的總冠軍「應該」還是屬於喬登在陣的公牛隊，而不是休士頓火箭隊。那麼，喬登就有帶領公牛隊也來個八連霸，追平塞爾蒂克締造的紀錄的可能。但是，那一切也僅僅是「可能」，事實說明著喬登的冠軍戒是前三枚加上後三枚，等於六，不是八。

　　不管是得分或冠軍，都是太實在的東西，實在得……

3　巫師：即華盛頓巫師隊，原名Washington Wizards，曾經連續七年被踢出NBA季後賽。
4　費城七六人隊：NBA球隊，原名Philadelphia 76ers。
5　張伯倫：Wilton Norman Chamberlain（1936-1999），美國NBA運動員，有「籃球皇帝」之稱，曾在一場比賽中獨得100分，成為NBA史上單場最高得分紀錄保持者。
6　羅素：Bill Russell（1934-），美國NBA運動員，曾帶領波士頓賽爾蒂克隊創下NBA史上空前的八連霸，生涯共得到11次總冠軍。

有點虛幻。

　　我寧可相信，喬登教給我們的，還是一種「精神」，一種形而上，卻又可以看得見的東西。

　　一九八六年的一場例行賽，喬登率領公牛隊到鹽湖城與爵士隊一場比賽，喬登先在爵士隊矮小的控球後衛史塔克頓頭上灌籃，場邊的球迷喊：「不要只會欺負小個子。」喬登聽到了，幾分鐘後，他拿起球，飛到對手兩百一十六公分高的中鋒頭上去灌籃，這回換喬登說話了：「他夠高了吧！」

　　這就是一種精神，在喬登被激起的那一剎那，它成了一種「氣」，鼓舞你要有不同於以往的表現。很形而上，但你看得見。

　　九七年總冠軍賽，公牛隊在鹽湖城，又是爵士隊，第五場比賽，喬登賽前因食物中毒瀉肚（據說是被爵士隊的球迷在披薩裡下了藥），身體虛弱。當全世界都在看喬登如何被宰時，哪想到喬登抱病上場，依然全場攻下三十八分，帶領公牛隊以九十比八十八作掉爵士。

　　這也是一種精神，當你看喬登在賽後倒在隊友皮朋懷裡，被攙扶著步出球場時，你相信他也有被病魔擊到的時候，確信了他不是「上帝」。於是就會開始相信有一種叫「精神」的東西，在球場上，這東西會轉化為「鬥志」，幫助你打贏一場戰事。（也是形而上，你也看得到。）

　　我想，上帝一定不願意化身為喬登，才能藉著喬登「凡人」的身分給人類一些啟示，我也想起了辭世不久的

劉俠[7]，上帝必然也想藉著她扭曲的身體，向人們宣示，精神之可貴！

因為絕大多數的人們，遭受挫折的時候遠多過春風得意的時候，如何在挫折時，還能保有一種「精神」，培養出「鬥志」與命運對抗，那必是上帝所想教予人類的，祂讓喬登（當然，還有劉俠。）在行將倒下去時，還能再挺起來殺敗敵人，我們也彷彿得到了加持……，還有什麼好擔心、好憂慮的！

就是因為我們的視野裡，曾經出現過劉俠與喬登這樣的使者，我們確定上帝不曾棄我們而去，沒錯，我們還有什麼理由不相信，這個世界會更美好！

▲查查看，說說看，寫下來：美國 NBA 聯盟的年度總冠軍如何產生？

四、運動小常識

喬登是二十世紀世界上最具影響力的運動員之一，他所創下紀錄，至今仍讓人津津樂道。以下是他在 NBA 歷史的紀錄：
1. 職業生涯全部賽季場均得分皆 20 分以上的球員
2. 單季同時獲得「得分王」和「最佳防守球員」的球員
3. 三次單季同時獲得「得分王」和「抄截王」的球員

7　劉俠：筆名杏林子（1942-2003），從小罹患類風濕關節炎，病情嚴重時，全身難以動彈。她以嚴重扭曲變形的手，忍受疼痛，留下一篇篇撼動人心的作品，還與友人創辦「伊甸殘障福利基金會」，幫助無數人。

4. 年度囊括「最有價值球員」、「總冠軍」、「總決賽最有價值球員」、「奧運會冠軍」的球員

5. 兩次單季完成「200 次抄截」和「100 次阻攻」的球員

6. 在季後賽連續三場得分超過 45 分的球員

7. 在季後賽連續兩場得分超過 50 分的球員

8. 38 歲單場得分 50 分以上的球員

9. 40 歲單場得分 40 分以上的球員

10. 40 歲單季場均得分 20 分以上的球員

11. 曾代表美國參加奧運會，並獲得金牌的球員

12. 唯一 6 次以上進入總決賽而從未落敗的球隊領袖，奪冠率 100%

五、賞析

　　麥可·喬登，在世人眼中是「上帝化身」、「籃球大帝」、「籃球之神」；本文作者卻偏要翻案，稱之為「上帝派來教人類打球」的使者，其用心甚為良苦。稱呼喬丹為上帝的化身，那麼他的種種非凡偉大的成就，便來自天賦異稟：因為他是神，本就具有超越凡人的神力。如此一來，喬丹的偉大，對於世人而言，是遙不可及的境界，在接受世人崇敬、膜拜之餘，對於世人毫無惕勵作用。作者認定喬丹的身分是「上帝使者」，是凡人。那麼他所創下的奇蹟紀錄，就來自個人的努力而非神力；喬丹的故事對於世人，就具有深刻的啓示。

　　本文以波士頓塞爾蒂克隊大鳥博德那句驚人之語「今晚，上帝化身喬登來與我們打球」開啓，針對喬丹究竟是上帝化身還是使者？進行一系列論述。文中列舉許多事例闡述觀點，例如以喬丹在 2003 年第三次退休，從他所帶領的巫師隊賽績看來，他再復出的機率幾乎等於零。由這件事就可看出，喬丹畢竟是凡人，他也有力不從心的時候。作者又舉出許多 NBA 球員，如張伯倫、羅素等人，以他們的得分紀錄與冠軍戒指，來對比喬丹，說明喬丹帶給世人的啓示，絕非這些輝煌、亮麗的戰績成果。最後，作者舉喬丹帶病上場、不斷突破自己的事例以及當時剛剛去世的劉俠，來說明喬丹給予世人啓示是：「在挫折時，還能保有一種『精神』，培養出『鬥志』與命運對抗，那必是上帝所想教予人類。」

　　作者透過本文所要傳遞給讀者的是：喬丹「不到最後一秒決不服輸」、「永遠堅信自己可以做得更好」的信念。這也正是運動員面對競技場合，甚至是所有人面對自己人生所應該具備的戰鬥精神。

◎溫故知新：比較「上帝化身」與「上帝使者」的差異？

（莊淮芬　編撰）

六、寫作小教室

　　引用是寫作手法的一種，援用名人話語、事蹟、詩文、典故、格言、諺語等來支持作者所要表達的觀點，可使文章更充實。本文也使用了這種技巧，文中主角是喬丹，作者卻敘述了其他人的事蹟。請參考示例，舉出一項文中所引人物事例，並說明它的作用。

示例：

人物	事蹟	作用
博德	驚歎喬丹是「上帝的化身」	此事例出現文章首段，具有呼應題目「喬登—上帝化身或使者？」的作用。

習作：

人物	事蹟	作用

七、檢索與思考

㈠ 本文以「喬登─上帝化身或使者？」為題。根據文中所述，上帝化身、上帝使者所代表的意義分別是甚麼？作者為什麼主張喬丹是上帝使者？

㈡ 作者認為喬丹帶給人們的啟示是：在挫折時，培養出鬥志與命運對抗。請從下表的喬丹語錄中，擇取一條你覺得最能展現這份精神的話語，並簡要說明理由。

喬丹語錄

1. 一步一步地走，這是唯一的成功之路。

2. 我接受失敗，但我不能接受沒有嘗試的失敗。

3. 永遠不要說永遠，就像你對一件事的恐懼永遠只是假象而已。

4. 我的職業生涯中投失了 9000 球，輸掉了差不多 300 場比賽。還有 26 次，隊友把決定比賽最後一球傳給我，結果我沒投中。我的人生中失敗過一次又一次，這才是我成功的原因。

5. 能力可以贏得比賽，但團隊才能獲得冠軍。

6. 隊中沒有「自我」，但是勝利中有。

7. 沒有做不到，只有想不到。

8. 有一個人能界定你一生的成就，那就是你自己。

9. 當我放大步伐走進籃球場的時候，我把自己想像成最優秀的籃球運動員，我有這樣的信心：一旦我踏進球場我能把所有我可以做的事情做好。

10. 真正的尊嚴不是別人施捨的，而是自己贏得的。

㈢ 文中敘述喬丹曾在球賽中抱病上場，勇奪勝利。你或隊友是否也曾有在比賽前受傷或生病的經驗，請說說當時的情況。

撞球

Billiards

撞球運動大概是起源於十五世紀之間的歐洲。最早是一種戶外運動，後來有人將它移到室內，在有圍框的桌面上進行。主要分為：非落袋式撞球、落袋式撞球兩種。落袋式撞球的雛型則是由美國人發明。

1900 年代　「彈子」被視為娛樂活動傳入中國。「彈子」即撞球。
1920 年代　在上海廣泛流行。彈子房多設在茶樓裡。
1949 年　英式司諾克（Snooker）撞球由日本傳入臺灣。
1950 年代　美軍駐臺部隊將花式（Pool）撞球帶來臺灣。
1978 年　日本人藤間一男正式將花式撞球引進臺灣。
1990 年　世界花式撞球協會（WPA）正式舉辦世界錦標賽。
1991 年　獲教育部同意為運動項目之一。
1992 年　國際撞球運動聯合會（WCBS）成立。
1992 年　臺灣首次承辦「世界花式撞球錦標賽」。
1993、1997 年　臺灣趙豐邦兩度高居世界花式撞球排名第一。
1997 年　第一屆中華民國職業撞球大賽開辦。
1998 年　撞球列為亞洲運動會的正式競賽項目。
1999 年　臺灣陳純甄高居世界花式撞球女子排名第一。
2001 年　撞球列為世界運動會的正式競賽項目。

撞球檯邊談數學

黃敏晃

一、導讀

本文節選自《撞球檯邊的數學家：拉拉雜雜扯數學》，並保留原圖原注。透過本文的敘述，讓讀者了解只要細心觀察，看似不相干的領域，其實關係是如此密切，並可藉此練習、開拓以多元角度看待事物的眼光。另外，文中作者對老將自顛峰期至衰退，乃至退休的差異描述，亦可引發讀者對自我職涯的省思與規劃。

作者在本文中透過某次日常與母親一起觀賞史諾克球賽的歷程與對話，讓人知道，一場看似平凡的運動競賽，在數學家的觀察裡，原來處處充滿著數字計算的痕跡，並進而讓人體認生活中看似單純的事件或行為，其實皆是多種學問的集合。另外，經由母親對「撞球手也會因年紀大而被淘汰」的提問，作者以理性、量化的方式開始進行年輕與資深選手的特質分析，而兩者的數據對比，不僅凸顯出現實賽場上資深選手所面臨的困境，令人對體育選手職業生命的短暫有深刻的認知與感慨，也可因此激起對個人職涯規劃的反省。

作者在本文中講數學與體育結合，使得原本讓人覺得遙遠、困難的數學概念，顯得平易近人。其中所蘊含的道理，亦具有相當發人省思之處。

閱讀本文時，請注意以下幾點：

㈠打破科目領域區隔性的既定觀念。

㈡學會珍惜並積極經營有限的選手生涯。

㈢省思自我職涯的規劃。

二、作者介紹

黃敏晃（1941-），美國印地安納州普度大學數學哲學博士。曾於

1974 至 2001 年間，陸續擔任國中小數學課程課綱委員及教科用書編輯召集人等工作。

　　作者致力於推展「數學步道」之概念與實務。在專業數學領域外，其作品多以致發掘並推廣數學生活化的觀念為主。著作有《撞球檯邊的數學家：拉拉雜雜扯數學》、《數學世界中的萬花筒》、《人間處處有數學》、《讓我們來玩數學吧》、《另類數學教室》、《生活數學故事》等。

三、正文與注釋

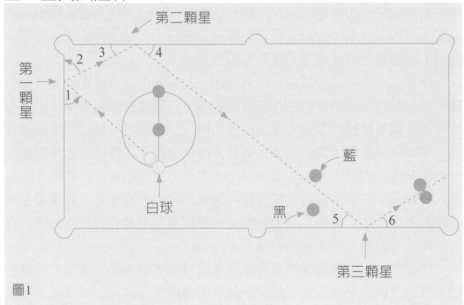

圖1

　　「咦！裁判怎麼在調整一些球的位置？」「對，因為對手堅決要求（合法）重打這一球，一直到成功為止。所以，每次裁判都要恢復原狀，即把被碰到的球都擺回原來的位置，各球之間的相對位置都要保持原來的正確關係。」

　　「每失敗一次就扣分一次嗎？」「正確，看樣子

Hendry[1]調整好幾次才能成功。」「這麼難打的球，要是他一直解不成功，不就輸了這局了嗎？」「有可能，但是Hendry是全世界排名前二的選手，調整後一定會成功的。」

果然，Hendry第四次終於成功了。他的對手因製造出這次吊球，不但平白獲得21分，還因為Hendry解球的效果不良而造出好機會（指有可能進球的機會），吃下球檯上剩下來的約40多分，而贏得了這局球。

當晚是精英邀請賽冠軍賽的頭一晚的直播，結果兩位球手各贏4局比成平手，只好明晚剩下的9局一決勝負。老母問我，為什麼球賽如此安排？何不乾脆一天比完？觀眾也可以看得比較過癮。我問她知不知道，這樣要比多久？她說，不清楚。

我再問她，有沒有注意到一局史諾克[2]的球賽大概需要花多少時間？她說，沒留意，並反問我是否算過？我說，當一個球員打得順手，而沖球[3]後紅球的位置分布又良好的話，他在10分鐘出頭就能清檯[4]；但是，要是兩位球手互吊[5]，我看過最長的一局就打了一個半小時才結束。因此，打一局的平均時間，我認為20分鐘多一點是合理的。

如果將此當作基本數據來算20×8 = 160分鐘，加上

1　Hendry：Stephen Hendry（1969-），蘇格蘭愛丁堡人，職業生涯由1985起至2012年止，曾7次獲得史諾克世界錦標賽冠軍，亦為多項史諾克撞球紀錄保持人，有史諾克皇帝之稱。
2　史諾克：Snooker，撞球的一種。也譯作司諾克。
3　沖球：或作衝球，即開球。
4　清檯：將檯面上所有球（母球除外）都打進球袋中。
5　互吊：指雙方選手在自己無法或很難擊球入袋的情形下，以阻礙對方，使對方下一桿無法進球為目的的擊球方式。

局之間裁判重新排球檯，以及球手申請上小號的時間，8局球賽要了3個小時出頭。17局恐怕7小時都不止，不但球手體力不支，現場觀眾也受不了。

　　老母說：「你以前不是說過嗎，職業運動員平常練習時，幾乎每天都要6小時以上。一次球賽6、7小時，他們應該可以應付。」「媽，比賽和練習不一樣，即使體力的付出差不是很多，但精神上的消耗就大不同了。一場超過4小時的比賽後，球員經常需要休息兩、三天，才能恢復過來。」

球場不許見白頭

　　「你經常看的足球、籃球類的球賽後，球員很累可以理解，因為球員大部分時間滿場跑。但撞球不一樣，輪流上場，輪休的人還有椅子坐，這樣比一場球會很累嗎？」

　　「媽，比賽是一種戰鬥，人的交感神經會提升到最高的運作狀態，這樣是很容易累壞人的。尤其是像這樣已經35歲高齡的球手，纏鬥4小時以上，身體如果還沒崩潰，球感也不行了。沒有球感的球手比賽，沒有觀眾會想看的。」

　　老媽說：「慢一點，撞球手也會因年紀大而被淘汰嗎？」我說：「花式撞球界有幾位50歲左右的球員，還常出來比賽。但在史諾克撞球賽老人就很少見了。Hendry 35歲了，比起5年前的風光就差多了。現在雖還排世界第二，但今年的成績只是差強人意。比如說，今年內打出一桿147分和一桿破百的次數，不到5年前的一半。美國的

麥克阿瑟[6]將軍說，老兵不死，只是凋零：老球員也是如此。」

「俗語不是說，熟能生巧嗎？老將在球檯邊泡了那麼久，球技應該比年輕小將厲害才對。就像你在數學教育圈三、四十年，跟數學有關的事物，你也比較熟練呀！」老媽拿我的職業來做比喻，讓我想了好一會兒，才能講出下面的一段話。

我說，沒錯，我是比晚輩們更熟悉一些跟數學有關的事物；但是，在和競賽有關的方面，比如說快速的計算，甚至於大學入學考試之類的，我都不會比頂級的高中應屆畢業生好。原因是，我已經老到無法快速反應，而任何的比賽都會跟速度有關，加強訓練也沒用[7]。

史諾克撞球賽和數學不同，速度也不是很重要的因素。例如，現在世界排名第一的歐蘇利文，綽號「火箭」，表示他撞球速度驚人；為了使成績更好，他刻意放慢速度，才使排名升到第一。擊球龜速的慢郎中伊巴頓，前一陣才又拿到一個冠軍頭銜，可見速度並不是那麼重要。

年紀大的史諾克撞球員的致命傷，有如下的兩個：最嚴重的是眼力的衰退，這使他們對遠球（即母球的目標球

6　麥克阿瑟：Douglas MacArthur（1880-1964）。此為作者本篇原註6：二次世界大戰時，美軍的太平洋軍區司令；後來又是韓戰時的美軍總司令。因想動用原子彈於韓國戰場，被當時的美國總統杜魯門免職。

7　加強訓練也沒用：此為作者本篇原註7：珠心算高手三天不練習，技術就會滑落好幾段。這跟各界的職業球手很相似，他們平均每天練習4小時以上，才能保持好的球感。另外，號稱數學界的諾貝爾獎，四年才頒發一次（但可有多位得主）的Field Medal，有位日本的得主Hironaka，有次接受日本電視臺訪問時謙稱，他若和日本每年當屆的高中畢業生一起考大學入學考試之數學試卷，一定比不過他們：「因為他們天天準備高水準的演出，而數學家的職責不在贏得這些競賽」。

相距2公尺左右，而目標球又不在袋口附近）的進球率會大幅下降。因此，他的對手很容易做安全球，即超越他們能進攻（能嘗試打進袋）範圍的球。

　　當然，如果有打帶跑[8]（即進攻不果時，母球還能回到安全地帶）的機會，他們還是會嘗試的。如此，他們在大部分時間就得處於防守狀態。但是，年輕球手遠球較準，進攻範圍大，安全球[9]做得稍有不慎，立刻變成他的機會（進攻機會）。所以，心理壓力變成一大負擔。

▲查查看，說說看，寫下來：在史諾克（Snooker）撞球的規則中，如何計算分數？

　　另一個大問題是專注力的集中能耐。在瞄準，試桿（即在母球和目標球的連線上，於母球之後，把球桿來回抽動幾下，以確定撞球路線的運作是否順暢），出桿撞球，到收桿的3～5秒之瞬間，專注力的要求強度非常之高。稍閃神的結果，就是球沒有進袋；即使難度不高的球，也常如此。

　　上述的專注力，與球手的神經操控，以及肌肉的穩定度都有關係。在這個進球的關鍵點上，年紀稍大的球手，比起年輕的球手就是差很多。

8　打帶跑：原為棒球運動術語。指打擊者配合壘上跑者揮棒，無論是否揮擊成功，跑者都能推進壘包的戰術。

9　安全球：指比賽時，不以將球擊落袋口為目的，而是要讓對手下一桿無法進球的方法。

　　爲什麼專注力需要這麼高呢？主要原因在史諾克球檯的袋口很窄：袋口寬度（8.51～8.76公分），後爲所使用的球直徑（5.25±0.05公分）的1.6倍而已。如果讀者對這些數據還沒感覺，這裡提供花式9號球的相對數據：袋口寬爲11.43～11.75公分，約爲其球直徑（5.715±0.127公分）的2倍。眞的，史諾克撞球進袋的角度，差一點也不行。

眼高手低[10]耍球評

　　另一個原因是球檯袋口的形狀，如下面的圖2所示。其設計會使球在袋口的反彈（因此無法順利進袋）機率增加，尤其是速度較快的球，反彈得更凶（因此我們常看到，許多球手常把球打得很輕，讓球到了洞口慢慢滾進去）。花式撞球的袋口形狀，就沒這麼刁鑽。

腰袋　　　　　底袋　　　　腰袋　　　　底袋

史諾克　　　　　　　　　9號球

圖2

　　當然，累積了十幾年的比賽經驗，不可能一無是處。年長的球手力拼不過，卻可以戰略運用見長。他們比較沉穩，進球率不超過50%時選擇做安全球；相對於年輕球

10　眼高手低：原形容人要求或理想高，卻無實際能力去完成。此處用以形容老將們因生理條件衰退，雖有經驗技巧，實際擊球手感卻不再精準的情況。

手，有20%的機會就勇敢拼了大不同。困難球拼進後的掌聲非常嘹亮，對信心的成長很有效，也許是初生之犢需要的。

年長球手的另一優點是，他們解吊球，或做安全球的路線之選擇，都練就了專精的眼光。用多顆星解球，或者用轉彎球[11]直接繞過擋路球，像我這樣多年的球迷，也是要他們做出來後，才知道還有這條路。

球迷都知道贏球最重要的還是能夠連續進球的實力，換句話說，他前一個目標球打進袋的同時，要將母球停在容易進攻下一個目標球的位置（撞球的術語叫『做球』）。這裡就牽涉到許多控制母球的技術（這些都可用物理中的力學原理解釋，這裡省略），概述如下：

(一) 定桿：母球和目標球相碰後，停在兩球相碰的位置。要達到此效果，桿頭要打在母球中間的位置，但接觸時間極短，桿子迅速抽回。

(二) 前滾：母球撞目標球後，隨著目標球滾動的方向一起向前滾。手法為桿頭瞄準母球中央的上方往前推（不收桿），造成母球由上向下的前滾旋轉。

(三) 後滾：母球撞目標球後向後方滾。手法為桿頭打母球中央下方，並迅速抽回；若桿頭撞母球下方稍偏左或右，可操控母球向後滾動時之方向。

(四) 開侖：開侖是早期球星名字，他首先創出的手法，打目標球撞進袋的同時，母球撞開下一個目標球之障礙，或把下一個目標碰到適合進袋的位置。

11　轉彎球：此為作者本篇原註8：球桿頭由上而下用力斜擊母球下方左（或右）邊位置，母球就會向右（或左）旋轉，而走一條圓弧形的路線，繞開擋路球而碰到目標球。高手可控制弧度的大小，缺點是母球最後停在那裡，位置不好操控。

　　這些操控母球的手法很多，以筆者的水準也無法一一列舉，就此停止。上面的描述若有錯誤，也請指正。

　　老將在球感不再精準之後，變成眼高手低的球手。下一步的出路大多是當教練，若他講話口條清楚，也有體育電視臺找他當球評：球賽時現場講評，遇上困難球，球手考慮如何解球時（45秒，除非叫time out，如此可有1分鐘），球評給出幾條解球的想法，並評估這些路徑的優劣；尤其是如何把母球做到安全的位置，足見老將的功力和眼界，但年輕球手則常選擇冒險路線，大相逕庭[12]。

　　球界老將「眼高手低」（事實上也不那麼低）的現象，並不是史諾克撞球界的專利，其他球界莫不如是。這樣的普遍事實，可視為是「知行無法合一」的典範。親愛的讀者你同意嗎？

▲查查看，說說看，寫下來：在撞球術語中，什麼是「一顆星」、「多顆星」？

四、運動小常識

　　人常說：「工欲善其事，必先利其器。」對於撞球運動而言，「球桿」當然是球手最重要的武器，必須慎重挑選。然而，初入門者卻往往囿於對品牌、崇拜選手或對材質等的迷思，而選用了不適合自己的球桿。

　　相較於已擁有一定水準的球手或職業球員而言，初學者的練習重點

12　大相逕庭：形容兩者相差極大，甚至完全不同。

應放在固定動作的培養及基本準度的提升。因此，初學者挑選球桿應以「彈性＜硬度，重量稍重一些」為原則。因為初學者擊球的動作尚不固定，也不具備達人或職業球員的手感、準度，因此，較具「彈性＞硬度」性質的球桿對初學者來說反而不易控制，彈性較大的球桿，只要擊球點中心稍有偏差，球體就容易出現側旋。反之，硬度較大的球桿，在初學者出桿的過程中較不易產生變形，也較不會因擊球中心不正而產生旋轉，反而更有利於增進初學者對擊球中心點的掌控，標準動作的固定，提升準確度，並鍛鍊專注度。

五、賞析

　　〈撞球檯邊談數學〉一文，結合了數學與文學，寫出了別具風格的運動書寫文體模式，不只達到了作者努力推廣的數學生活化的目的，經由這篇文章的嘗試，亦可開拓我們在看待與解釋事物時的多元眼光。另外從本文後半作者與母親談論的話題裡，生命的議題亦隱含其中。

　　在文章的寫作上，精準數據的分析、運用，可說是本文最強烈的特色。例如，文章開頭寫到賽事最末一局需延到隔天晚上再決勝，而母親問為何不一天打完時，一般文章可能會用「賽時太長」或用「超過了○小時」這類較概括性的字詞作解釋；但在本篇中，作者卻精算了每一局的時間，將之乘上賽事局數，甚至考量了裁判重排球檯、球員休息時間等因素，算出 8 局球賽至少需要 3 小時以上的結果來回應母親的問題。這樣的寫作模式，在後面作者與母親討論花式與史諾克撞球球員退役年齡的落差問題時，也再次出現，作者詳盡分析了兩者撞球檯袋口角度的數據，以凸顯生理條件下降帶來的問題，對球員表現和職業生涯時間的影響。數據解析的使用，不僅提升了讀者對問題成因的明確認知，文章也更加真實並客觀。然而，這樣的寫作特色，有時卻也容易使文章淪為一篇科學分析報告，為避免此問題，作者巧妙將敘述背景安排在母子一起看球賽的日常生活場景中，將繁瑣的數據分散在母子對話的情節裡，削弱數理給人的嚴肅與報告感，增添數學的日常與親切。

　　本文的情意表達，其實大多落在文章「球場不許見白頭」及「眼高手低耍球評」兩節，相較於其他球類運動而言，撞球的活動範圍小、

運動量也似乎並非很大，但也因為所有的動作都只能落在這狹小的區域上，選手的肢體準確度、精神專注力更無法容許出現誤差（尤其是本文提到的史諾克撞球），球員職業生涯的短促，是此類撞球選手無可避免的無奈（其實也是許多其他運動球員共同的困境），因此多數運動員莫不希望能把握這極為有限的時間，建立起一番成就，另一方面，他們也需及早進行自己退役時間與生涯的規劃。即便普羅大眾在人生職涯的時段區隔上，與運動員們不甚相同，然以此為鑑，亦可引發有共鳴者對人生時間掌握與規劃的思考、重視。

◎溫故知新：「美人自古如名將，不許人間見白頭」，是清代女詩人趙艷雪的名句。怎麼解釋「不許人間見白頭」最適當？

（林曉薇　編撰）

六、寫作小教室

　　相較於一般偏於質性描述的文學寫作方式，作者在文章中運用了許多量化的數據分析，寫出了數學家眼中的撞球運動。這樣的寫作方式不但讓我們知道運動的設計、動作與獲勝與否等自有其數理上的依據，也讓我們對撞球此一運動及不同年齡層選手策略的選擇、運用等有了更多了解。請試以你擅長或欣賞的運動，甚至人物為例，仿照本文寫作技巧，融入理性的數據分析，說明此項運動、人物令人喜愛或具有特色之處。

範例：

　　緣起於十四世紀法國的網球運動，在歷經六百多年的發展後，演化出草地、紅土及硬地三大運動場地類型，而由於賽事運動場地條件的不同，其各自的特性也成就了風格不同的球員。在現今網壇上，便有 3 位優秀的球員在適合自己技術與球風的賽場上各擅其場，他們分別是號稱草地之王的羅傑‧費德勒（草地勝球率約 88%）、紅土之王拉斐爾‧納達爾（紅土勝球率約 92%），以及硬地球王諾瓦克‧約克維奇（硬地勝球率約 83%）。

　　曾經的法網冠軍高迪奧曾說，他認為球場是網球比賽中最重要的因素。以紅土球場為例，紅土賽場是以上 3 種賽場中球的彈出速度最慢（入球速度若為 100km/h，則紅土彈起速度將被減緩至約 57km/h，草地約為 73km/h，硬地約為 67 km/h），但球彈出角度較高的類型（以 30 度角入球，則球彈出角度約為 44 度，草地約為 36 度，硬地約為 41 度）。在地質鬆軟的紅土球場上，受到砂土顆粒阻力的影響，選手將有較充分的時間回應擊球。所以在紅土球場 ACE 球機率僅有 5.5%，發球得分率也僅有 61.5%，但對球員來說體力的消耗也會更大。若要能贏球，在防守外，還必須主動擊球，以提高球速、增加球的旋轉。這樣的球場正適合納達爾這種底線防禦型球員，因為在強大的防禦力外，他不僅有強勁的上旋球（平均高達 3200 轉，其他 2 人則都在 3000 轉以下），也能利用快速的腳步移動及紅土特質在球場上施展滑步救球。再加上不錯的截擊能力與堅強的意志、體能，造就了他在紅土球場上優異的表現。

　　如此看來，不同於其他運動場地的性質單一，要在網球賽場上締造佳績，除球員個人需具有優秀的體能與技術外，球員要如何運用己身能力去適

應不同的賽場特性，尋求勝利也是一項相當重要的課題。

七、檢索與思考

㈠ 在文中作者提到的年輕球員與資深球員的優勢和弱勢各自為何？

㈡ 由於體育競賽對體能等條件的要求，多數運動項目的選手巔峰時期其實
相當短暫。面臨體力、專注力等隨著年齡增長逐漸下滑的現象，運動員
有人選擇優雅轉身，離開戰場，有人選擇調整應戰策略，繼續為自我目
標、理想奮鬥不懈。如果是你，你會選擇哪一種？為什麼？而面對選手
巔峰時期的短暫，你有何感想？又有何因應之道呢？

㈢ 看完本文後，是否有「原來數學離我們這麼近」的感受呢？從你所熟習
或專長的運動項目中，是否也能發現它與數學的連結？請分享你的意見。

舞蹈

Dance

舞蹈的起源甚早，確切的時間已不可考。體育運動舞蹈則是由土風舞以及社交舞的基礎發展演變的競技舞蹈，傳統競技舞蹈分為兩類：標準舞、拉丁舞。在美國，則另增兩類：流暢舞、節奏舞。

1925 年　英國皇家舞蹈教師協會正式頒布社交舞的舞步，包括華爾茲、探戈、狐步、快步等四種。

1947 年　在德國柏林舉行第一屆世界標準交誼舞錦標賽。

1950 年　英國世界舞蹈組織（現 WDC）規範舞蹈命名為「國際標準舞」。

1960 年　英國皇家舞蹈教師協會增加拉丁舞的比賽，包括：倫巴、恰恰恰、森巴、捷舞和鬥牛舞。

1970 年　中華民國國際標準舞蹈協會成立。

1990 年　國際運動舞蹈總會（IDSF）成立。

1992 年　國際標準舞為奧運會表演項目。

1994 年　中華民國體育運動舞蹈總會統一制定，凡國際奧林匹克委員會（IOC）系統的舞蹈比賽都稱為「體育運動舞蹈」，英文 Dance Sport。

1995 年　第一屆世界運動會將體育運動舞蹈正式列入競賽項目。

1997 年　國際舞蹈運動總會正式成為國際奧林匹克委員會會員。

2019 年　國際奧林匹克委員會全會決定將霹靂舞（Breaking）列入 2024 年巴黎奧運會比賽項目。

從呼吸出發

林懷民

一、導讀

　　本文選自《高處眼亮：林懷民舞蹈歲月告白》。該書不僅寫雲門舞集的輝煌成績，也寫作者在這光環之下，內心的徬徨、痛苦和掙扎。本文是作者近四十年舞蹈生涯的思考結晶：在起起伏伏之間，不斷提醒自己，要站在高處，要走出去看外面的世界，才能看清楚困境的真相，並對夢想永遠保持憧憬。

　　全文由作者棄小說創作，而轉向舞蹈編創的心境起筆，以幽默的妻子情婦，比喻寫作和舞蹈在自己心中都佔有重要的分量。接著說明自己喜歡寫作和編舞，因為二者都能發現人的趣味。而後大量舉例，描述舞者的特點，先說舞姿會呈現性格，讓舞者不必相識很久就能知道彼此個性。

　　作者以鄭淑姬、吳興國、吳秀蓮、何惠楨、吳素君等五位舞者為例，介紹他們不同的個性表現在舞蹈的詮釋上，讓他欣喜於編舞給自己帶來無法預期的驚喜。因為要配合舞者的特質，舞者會給編舞者不同的角度和刺激，而這和小說家能完全決定結局不同，所以吸引他投入數十年不倦。

　　除了個人特質之外，舞者最大的成功要素是要耐得住經年累月訓練的寂寞。作者不認為技術是一切，但卻是基礎，舞者必須先專注投入基本功的訓練，然而，在舞者遇到跳舞的瓶頸時，作者會要他們停下來，深深呼吸，放慢速度，感受自己內心的聲音。而在這樣的沉澱之後，就能突破而更上一層樓。

　　閱讀本文時，建議注意以下幾點：

㈠ 描寫不同舞者的寫作技巧，先從舞者的個性出發，因為舞蹈是一種誠實的藝術，他們的肢體無法隱藏個性及情感。

㈡ 以觀眾在臺下的角度來直接書寫對舞蹈表演的看法，體會每一齣舞
　碼展現的獨特之美。

二、作者介紹

　　林懷民（1947-　），曾從事小說創作，並於就讀政治大學期間開始
接觸舞蹈藝術。1969 年赴美留學後，正式習舞。1973 年創立雲門舞
集。1983 年創辦國立臺北藝術大學舞蹈系。2013 年，林懷民獲頒有
「現代舞諾貝爾獎」美譽的「美國舞蹈節終身成就獎」。他經常從亞洲
傳統文化與美學汲取靈感，編創充滿當代意識的舞作，是國際推崇的編
舞家。著作有小說集《蟬》等。

三、正文與注釋

　　　「你為什麼不寫小說，去跳舞了？」

　　　每隔一陣子，我總會遇到這樣的問題。

　　　我的回答經常如此：「跳舞是我的初戀，寫作是我的
妻子。結婚後，遇到老情人，舊情復發，於是跳舞變成了
我的情婦。」

　　　問問題的人每每愣住。然而，一位朋友追問下去：
「妻子與情婦，你偏愛哪個？」

　　　「兩個都愛。」我不假思索地說。

　　　其實「妻子與情婦」之說原只是個玩笑。作為一個寫
作的人，跳舞於我是演劇，編舞則是寫小說。我對舞蹈與
寫作的興趣都根植於對人的興趣，而舞蹈似乎又比小說更
親近「人」。這兩年來，我跳舞，乃至不自量力地主持雲
門舞集，只因我遇到幾個很棒的人。

　　　一般人寫舞評，往往忽略他們在舞臺上看到的第一樣
東西。他們滔滔不絕地談編導、音樂、服裝、燈光，甚至

觀眾。一切都談到了，卻難得提起舞蹈之所以發生的主要條件——舞者。

「人的肢體從不扯謊，」瑪莎・葛蘭姆[1]如是說。舞者之間或友或敵，似乎不必經過很長的交往。有一回，排練休息時，我和女孩子們聊起一位大家都不熟的舞者。

「她是很和氣的人。」一個女孩説。

「你怎麼知道？」

「看她跳舞的樣子就曉得了。」答話的人有份斬釘截鐵的信心。

舞者每日的功課是學習如何運用肢體，做出正確的動作與姿勢。然而，我們看到的不只是手和腳，不只是跳躍和旋轉；我們看到一個人的個性與氣質。所有的訓練無法抹殺「人」的味道。一個活生生的「個人」終將在舞臺上呈現。高貴、虛榮、慷慨、溫和或缺乏安全感，總會「紙包不住火」地流露出來。舞蹈之所以有趣，不只是動作，而是做動作的人。

由於肢體不扯謊，有人説，鄭淑姬是個溫柔的女孩。她的動作與臉龐同稱圓潤。她待人的柔和，在舞中流露無遺。如果在《待嫁娘》裡，她無法決定嫁或不嫁，只因她經常自問自答，無法決絕。她的雙臂從不咆哮嘶吼，永遠是剪不斷理還亂的嚶嚶細語[2]。

寫小説時，角色的生死大權完全操在作者手中。編舞就截然不同。舞是活的，素材是活跳跳的人，不是紙上

1　瑪莎・葛蘭姆：Martha Graham（1894-1991）。她於1926年以自己為名成立美國第一個現代舞蹈團「瑪莎・葛蘭姆舞團」，並發展出葛蘭姆式的舞蹈技法，對現代藝術影響深遠。本文作者曾在瑪莎・葛蘭姆當代舞蹈中心（Martha Graham Center）學習舞蹈。

2　嚶嚶細語：低聲說話。

談兵，因此更具挑戰性。雲門十幾個舞者，性情各殊，情緒的起伏也各有其節拍。她們有時情緒高昂，宣稱「世界上沒有做不出的動作」，願意一再嘗試，反復排練。如果無精打采，不是拒絕合作，只因她不舒服或因發胖而鬧情緒，或既發胖又傷風了。但是，在最好的情況下，她的臉上一片陽光，每個動作令你目眩。舞者不是方塊字，不能寫了再塗，她需要關心。

▲查查看，說說看，寫下來：什麼是「葛蘭姆式的舞蹈技法」？

　　編舞前，我雖胸有成竹，結果卻常與原計劃相去千里，而往往比構想來得好。舞者的特性使單薄的觀念豐富，使模糊的感覺成形呼吸。如果沒有吳興國，我大概不會把京劇的《烏盆記》改編成《奇冤報》[3]。他把復興劇校的訓練帶到雲門來。他輕易地翻一個跟斗，甩甩水袖就把京劇的味道揉進舞裡。然而，吳興國是個純真的大孩子，他的三言兩語永遠可以把你逗得哈哈大笑。因此《奇冤報》中的鬼是個可愛的鬼，沒有森森鬼氣，只讓你覺得可親──中國的鬼不是撒旦，常常是充滿人性的。

　　有些舞者，不管做什麼，總是透明的。那也許由於乾淨的線條與俐落的節奏感。這種透明的特質往往帶有一種清冷的味道。吳秀蓮有這類透明感。削瘦，細骨，臉上線

3　奇冤報：林懷民1974年編舞作品。

條突出，坐在最後一排也看得清楚她的五官輪廓。她可以輕聲細語做繞指柔[4]，但是，到了緊要關頭，她也能堅強冷靜，像一支寒光閃閃的匕首。在《烏龍院》[5]中，她的閻惜姣就是這樣尖銳地把宋江逼得無路可走。

舞者的生涯是寂寞的。肢體是他的世界，惰性是他的敵人。流汗喘息，朝夕苦練，但求靈活舞動，做完美的表達。偶爾荒廢功課則前功盡棄，從頭再來。舞者不是機器，但機械式的規律卻是一種必要。臺上的幾分鐘，往往是多年苦練加上無數次排演的結果。然而，掌聲不是最終的目的，舞者最大的滿足在於自我完成。

雲門舞集的年輕人不是舞蹈家。像所有的年輕人，愛玩愛鬧，愛談戀愛。我們愛舞，卻不「認命」。生活得太順利，或太不順利，常是向舞蹈告假的藉口。每個人都輪流請過假，除了何惠楨。然而，有陣子，到了上課時間，何惠楨打扮齊整地大聲宣佈：「今天不跳舞！」然後揚長而去。她去看京劇，一連看了七天。第八天，她脫去長裙，換上緊身衣，從呼吸做起，開始她遺棄一周的功課，臉上帶著令人不寒而慄[6]的決心。

編舞的人，遇上何惠楨這樣的舞者，需要大量的耐心。她的眼中只有直線。她心急口快，嫉惡如仇。她的技巧是經年苦練出來的勝利。她編出來的舞常是方正的排列，動作稜角多於曲線。叫她跳躍飛馳，她如魚得水。教她「慢板」，她遵命照辦，卻是舉步維艱，痛苦不堪。去年，何惠楨在《秋思》[7]裡，扮演一個滄桑的中年婦人。

4　繞指柔：形容柔順的個性。
5　烏龍院：林懷民1973年編舞作品。
6　不寒而慄：形容內心恐懼至極。
7　秋思：林懷民1972年編舞作品。

排舞之前，我請她躺在地板上，攤開雙手，用兩分鐘的時間，緩緩握拳，再用兩分鐘的時間慢慢攤開。她閉起眼睛，緊鎖眉頭，十分可憐。整整八天，她沒學到一個動作，卻成功地鬆解雙眉，把自己的個性收斂起來，企圖進入劇中人的世界。《秋思》的演出，雖有瑕疵，卻贏得不少女性觀眾的喜愛。重要的是，舞者何惠楨更上一層樓，在這個舞裡長大了。

　　技巧不是一切。可是抽去了技巧，舞者的表達能力就打了折扣。吳素君有戲劇的潛能，缺乏像何惠楨那樣的技巧。希冀[8]成為舞者，她感到專一的必要，辭去工作，把自己交給舞蹈，在一個夏天裡突破「學舞的女孩」與「舞者」之間的界限。杜碧桃低垂的頭部與嬌小的身軀，挺立時也有說不出的幽怨，無盡的商量。從舞專畢業後，也搬進雲門，和大家擠三個榻榻米的小室，呼吸著舞蹈。吸收了生活的磨練，一年間，她從《秋思》的少女蛻化為《待嫁娘》[9]中遇人不淑的女人。

　　人與人的交往常常改變了命運的途轍[10]。舞蹈中的人性成分，以及我所遇到的舞者，使我從一個「寫小說的」變成「跳舞的人」。只要對生命依然懷抱熱情，只要大家依然共同工作，我知道我們還要舞下去。從呼吸出發，通過表演，與觀眾互通聲息。

註：此篇為27歲的林懷民在雲門一週年時，書寫創團舞者的文章。

8　希冀：希望得到。
9　待嫁娘：鄭淑姬1974年編舞作品。
10　途轍：途徑、方向。

四、運動小常識

呼吸訓練對運動員十分重要，能增強耗氧的動力，減少乳酸在血液中的堆積，緩解橫膈膜疲憊和心血管的反應，而提升競賽表現。呼吸訓練能減少氧氣消耗，讓運動選手擁有最大能量。

在呼吸訓練中，慢呼吸是更重要的訓練，緩慢地以鼻子吸一口氣，再以二倍的時間以鼻子吐氣。呼吸次數的降低，會讓人更專注於自己身上，對健康及運動效果都很有幫助。

五、賞析

本文以寫作和舞蹈二種不同的藝術形式的比較來破題，讓讀者更容易想像舞蹈的特色。作者喜歡寫作，也喜歡舞蹈，因為這二種藝術都和人有關，能讓觀眾深入理解活生生的創作者心中的情感。

接著介紹不同舞者的個性對他編舞產生的影響。因為喜歡觀察人，也必須配合舞者，才能讓一支舞順利完成，所以他仔細觀察舞者，為他們調整技巧，也享受舞作帶給自己出乎意料的感受。舞者有像鄭淑姬一樣溫柔的、像吳興國一樣頑皮的、像吳秀蓮一樣冷靜的、像何惠楨一樣急切的、像杜碧桃一樣幽怨的……這些舞者的摹寫，讓讀者眼前彷彿出現一幕又一幕神采各異的舞姿，引起觀舞的興趣。其中，作者著墨最多的是何惠楨。她是個自我要求高，很有自我意識的舞者，但是在《秋思》這支舞中，林懷民要她挑戰自己心急的個性，放慢步調，從緩慢的呼吸開始。雖然何惠楨在呼吸訓練中沒有提升舞技，卻學會融入角色，收斂自己的個性，開拓了表演的不同可能。

作者介紹自己合作的眾多舞者，除了說明舞蹈的多元面貌，以及人格特質是舞蹈最重要的成分以外，也暗指自己能在編舞生涯中堅持數十年，也是因為有這群傑出朋友的陪伴。與他們合作，激發自己心中對人的熱情，對自我生命的熱情，對土地的熱情。作者認為觀舞的重點並非舞臺布景、衣著、聲光效果等外在因素，而是要欣賞舞者的熱情，一起享受最單純的身體的美。

從「呼吸」出發，除了指氣息的吸吐之外，也指靜下心來內觀，放慢速度與自己對話，找到令自己平靜的內在力量——這份力量，是舞蹈

最吸引人的地方。

◎溫故知新：《烏盆記》是包公案中一起貪財行兇命案，怎麼會成為
　一齣詼諧的鬼戲呢？

（莊金鳳　編撰）

六、寫作小教室

　　請參考下列原文，仿作一段從外在動作表現出運動員氣質的文章。文長150 至 300 字。

　　舞者每日的功課是學習如何運用肢體，做出正確的動作與姿勢。然而，我們看到的不只是手和腳，不只是跳躍和旋轉。我們看到一個人的個性與氣質。所有的訓練無法抹殺「人」的味道。一個活生生的「個人」終將在舞台上顯現。高貴、虛榮、慷慨、溫和、或缺乏安全感，總會「紙包不住火」地流露出來。舞蹈之所以有趣，不只是動作，而是做動作的人。

七、檢索與思考

㈠「舞者不是機器，但機械式的規律卻是一種必要。臺上的幾分鐘，往往是多年苦練加上無數次排演的結果。然而，掌聲不是最終的目的，舞者最大的滿足在於自我完成。」作者上述這段話的意旨是什麼？

㈡「排舞之前，我請她躺在地板上，攤開雙手，用兩分鐘的時間，緩緩握拳，再用兩分鐘的時間慢慢攤開。她閉起眼睛，緊鎖眉頭，十分可憐。整整八天，她沒學到一個動作，卻成功地鬆解雙肩，把自己的個性收斂起來，企圖進入劇中人的世界。《秋思》的演出，雖有瑕疵，卻贏得不少女性觀眾的喜愛。重要的是，舞者何惠楨更上一層樓，在這個舞裡長大了。」作者要求一位優秀的舞者什麼都不做，只是躺在地板上慢慢呼吸，他的用意是什麼？而這緩慢的呼吸會給人帶來什麼樣的領悟？

㈢「舞蹈中的人性成分，以及我所遇到的舞者，使我從一個『寫小說的』變成『跳舞的人』。只要對生命依然懷抱熱情，只要大家依然共同工作，我知道我們還要舞下去。從呼吸出發，通過表演，與觀眾互通聲息。」作者在舞蹈中找到對生命的熱情，讓自己願意終身為舞蹈奉獻。而你曾在哪一種運動項目中發現生命的熱情？你又體會到什麼？

Mountaineer

《禮記‧中庸》：「君子之道，辟如行遠必自邇，辟如登高必自卑。」登山活動自古有之。現代的登山運動，大致起源於十八世紀後期的歐洲，十九世紀此項運動遂蓬勃發展。

1786 年　瑞士帕卡德（Michel-Gabriel Paccard）醫生和當地採石工人巴爾瑪（Jacques Balmat）首次成功攀登阿爾卑斯山最高峰白朗峰。

1787 年　一支登山隊由巴爾瑪做嚮導，登頂白朗峰。此壯舉被視為現代登山運動誕生的指標。

1854 年～1865 年　阿爾卑斯山地區的登山運動迅速發展。

1857 年　登山俱樂部在英國倫敦成立，是世界上第一個登山組織。

1946 年　日治臺灣山嶽會移交臺籍會員負責相關會務，仍稱「臺灣山嶽會」。

1947 年　臺北市參議會議長周延壽等人發起組織「臺灣省山嶽會」，並接管「臺灣山嶽會」。為「中華民國山嶽協會」前身。

1953 年　人類首次登頂喜馬拉雅山脈珠穆朗瑪峰（海拔 8848 公尺）成功。

1953 年　救國團「玉山登峰探險隊」是臺灣首次組織學生高山登山活動。

1972 年　臺灣省體育會山嶽協會籌組成立「百岳俱樂部」。

1993 年　吳錦雄成為首位登頂珠穆朗瑪峰的臺灣人。

2009 年　江秀真成為首位登頂珠穆朗瑪峰的臺灣女性登山家。

雪線（摘錄）

張英珉

一、導讀

本文節選自〈雪線〉。〈雪線〉是第 39 屆時報文學獎影視小說組首獎作品。作者以自己跑馬拉松及登山的經驗為素材，思考在跑馬拉松及登山的過程中，因為身體勞累、突發狀況多，而需要跟自己對話。他體會最多的是：當一個人面臨最艱困的狀態，現在能做什麼？以後要做什麼？本文的創作動機，就是想探討運動員在面對死亡時，會有什麼樣的精神狀態。

全文是以年輕女性的角度第一人稱敘述，故事描述主角發現學姊遭遇山難，搜救隊無法找到學姊，主角悄悄上山，憑著學姊從前教的登山知識，把學姊的屍體揹下山。在下山的過程中，主角回憶從前與學姊相識、相戀的過程，以及透過許多登山經驗，抒發人在面對壓力，或是面對幾乎死亡時的反應。全篇刻意營造山上潔白的雪景，除了暗喻登山時，路面被雪覆蓋而不知路況的危險；也雙關兩人之間純潔的感情，以及對高山絕對的敬畏。

從本文可知，登山對運動員有一種難以割捨的號召。因為山的遼闊、包容，人的渺小與其相比，實在微不足道。在專注登山時，能忘卻現實煩惱，重新找回自己的價值，以及不斷自我突破的成就感。

運動員的精神展現在克服環境困難的考驗，以及自身意志力的掙扎。面對自己最喜愛的運動，家人卻因為危險而阻止自己繼續練習時，主角先是屈服，又因意外尋找學姊的過程，重新燃起心中對登山的熱情。

閱讀本文時，建議注意以下幾點：

㈠ 敘述者對話中經營的情感，以及回憶過去的抒情手法。

㈡ 思索在自我追求與他人期待的理想與現實中如何取捨。

二、作者介紹

　　張英珉（1980-），臺灣藝術大學應用媒體藝術研究所畢業。他創作小說，也從事編劇，筆下的故事都以臺灣文化、歷史、生活為題材，並且多次獲獎。他說，編劇的經驗對創作小說的技巧有很大的幫助，包括如何讓角色更為真實，場景更為逼真。著作有《黑洞垃圾桶》、《長跑少年》、《兔子先生的導盲龜》等。

三、正文與注釋

　　在許多年後的這一日，寒流水氣突襲臺灣山區，徹夜下起迷茫大雪，妳帶的隊裝備不足，在南湖山[1]上撐過雪夜後，只能收回隊伍提早下山，未料在下山的途中，妳踩到了雪簷[2]而摔落山谷。

　　學姊，與妳失去聯繫多年，當我在新聞字卡看到妳名字時，我的身體瞬間結成冰。

　　「雪簷」是落雪順著山壁延伸而出的一小塊雪地，有可能堅硬無比，也有可能軟弱如泥。這次落雪僅一日夜，雪簷尚未堅固到能負載體重，被救援出的登山客說，妳讓大家在山壁邊扣上確保扣具的那刻，腳下雪簷崩落讓妳失去重心，瞬間向後倒去，消失在眾人的視線裡。

　　身為一個攀登過世界五大頂峰的人類，不管如何辛勞訓練讓肌肉強壯，讓心肺適應高山稀薄的氧，也比不上腳下破裂的一夜冰雪。

　　我身在開著暖爐的家中客廳，回想過往所知的崩落現場，若是在珠峰[3]的冰河裂隙，從落下之刻就足以宣判死

1　南湖山：即南湖大山。位於中央山脈主稜線北段，主峰3742公尺，與玉山、雪山、秀姑巒山、北大武山合稱「五岳」，有「帝王之山」的稱號。
2　雪簷：因降雪堆積而突出懸空的雪地，如屋簷形狀。又稱懸雪。
3　珠峰：即珠穆朗瑪峰。

刑；若是從斷崖山壁墜落，第一次滾撞或許就將暈去，第二擊就死亡，接著滾落到尖銳岩片而四肢分離……

我父母看到新聞報導，不知摔落者是妳，低頭看向我家居拖鞋外原本應該存在的腳指頭，忍不住指責我：「妳看吧，若妳還在爬，今天摔死的就是妳。」

我的登山之旅，結束在25歲這年，攀登阿根廷阿空加瓜峰，6962公尺南美洲最高峰後。雖然我登頂成功，但是腳趾嚴重凍傷，下山後只能截肢。失去右腳三隻腳趾，左腳一隻腳趾的腳，看來仿若動物一樣的偶蹄。

爸媽慶幸還好我截肢處是腳，相親時穿上高跟鞋看不出現狀，若是與對象發展到婚姻，再來解釋腳趾是怎麼回事。畢竟我已不再登山，只是個科技公司的普通文職，不會再發生這種殘酷的事。

上班搭捷運途中，看著手機螢幕內播放新聞，搜救隊在隔日藍天乍現，風雪暫停時，兵分多路探索救援。然而多日落雪，山上積雪深達三十公分難以移動，更何況南湖需要行走三、四日行程，搜尋時間有限，大家心底都知悉，搜救隊成行，也已非「搜救」而是「尋屍」。更何況天氣惡劣，為避免「二次山難」，只能放棄搜救，全員入山半日後撤退。

妳的父母正在山下哭喊，那是新聞最喜歡播放的哀戚畫面，通常家屬會抗議，為何不繼續執行搜救，然而高山氧氣稀薄，光是負重前進都困難，更何況在此找尋一個可能被雪掩埋的人。

因為高山救援困難，世界最高珠峰的登頂路邊都是

無法下山的人，屍體被冰封，沒有細菌分解，無法被昆蟲啃食，冰封之人永遠被保存在山巔，從死亡那一刻開始，從此成為時間的標本。儘管我們曾在山上看見過登山客屍體，也因此對彼此說：「能夠永遠待在山上，不也是一種幸福？」然而，要接受自己親友永遠雪藏於山，我終於體會到我父母當年心焦與不捨。

上班中，我無法專心，閉上眼便彷彿看見在墜落的那一刻，妳知曉這是登山者的宿命，在墜落中對我微笑；我徹夜在床上翻騰，耳際傳來山上的風聲，我翻到床沿睜開眼，床邊離地五十公分高處，眨眼變成五百公尺深的岩壁──

我記得那次，我們去美國優勝美地[4]攀登「酋長岩壁」，特訓山壁攀壁的技術。岩釘一個個釘在山壁上，我們在五百公尺高的懸壁邊掛上帳棚。過夜時風大，還好側面那塊突出岩壁能遮風，頭上突出的岩壁讓落石彈過。安全的山壁角落中，帳棚開一個拉鍊縫，我與妳互道晚安準備入睡，妳突然伸手敲敲我帳棚，在帳棚拉鍊窄縫中，遞來一根能量棒，妳露出笑臉說：「嘿，生日快樂──」

那不過是幾年前的事，而今日的妳竟已失去蹤影。想到這，我的眼淚滴落五百公尺高的花崗岩壁，穿越風與凸壁，被風位移，直至落地。

寒流不斷到來，平地低溫接近2度，三千公尺高山積雪嚴重，我明白平常人要找到妳，只能等待來年春天，更可能的是妳將永遠失蹤。但我日夜掛念妳而失眠，看醫生拿安眠藥時，只說出自己是因工作壓力大，不敢說出是因

4　優勝美地：位於美國加州的優勝美地國家公園（Yosemite National Park）。

妳。

　　在我們去阿根廷「阿空加瓜峰」⁵遠征前，我們放棄原本的工作，在南湖山上紮營一個月進行高地訓練，只因南湖是臺灣山區積雪最深處，我與妳每日進行雪地訓練，按照等高線上升，逐步加強負重肌力，適應雪地低溫、低氧，以及長時間的靜默。

　　過往的鍛鍊最困難處，就是我們在雪地中輪流背起彼此，一個四十五公斤的人，就是山上最好的啞鈴。妳曾因此說。「也好，只要我們不是一起滾下山死掉，沒受傷的人，就能將對方背回去。」

　　這句話，深深刻在我心底。

▲查查看，說說看，寫下來：登山時，至少應該準備哪些東西，以保障安全？

　　「妳一個人？」我們在山壁邊初次見面時，妳也在高地訓練，妳只大我一歲，竟在高中階段完成臺灣百嶽。對我此時才即將攀完百嶽的人來說，妳是我大前輩，從那刻起，我只叫妳「學姊」。

　　妳把帳棚搬到我營地邊，我們原本就距離一百公尺不到，如今搬在一旁方便聊天，就像現在這樣並肩坐在帳棚

5　阿空加瓜峰：Aconcagua，位於安地斯山脈，阿根廷與智利邊境，海拔6962公尺，是南美洲第一高峰。

內，畢竟女生總有不方便處，獨攀時選擇離群索居[6]，不希望被男人發現，增加任何風險。

那次，是我打算去非洲最高峰「吉力馬箚羅山」[7]前的高地訓練，我向公司請五天假，加上兩個六日，總共九天在山上訓練。但妳說「吉力馬箚羅山」一點都不難，心肺鍛鍊好，許多人都走得上去，妳在兩年前就已去過。

「既然要去，就要走Shira這條路，在山上待久一點。」

妳泡咖啡給我，在沙地上用小木頭畫出吉力馬箚羅的攀登路線，Shira這條路線，能從最遠端開始走起，妳說，這可以享受最多在吉力馬箚羅的時間。

「我是走最短路徑……Rongai，我怕我無法像妳們一樣……在高海拔待這麼久……」我總是皺眉頭。

「只是海拔高而已啦，有地方住，沒什麼好擔心。」

對我來說，妳樂觀地令我嚮往，我出生在平凡家族，沒有值得注目的才華，學習能力也不優異，直到大學時被同學半推半就，拉去參加登山社湊人數，直到大二時，當我第一次走上玉山攻頂，那日天氣極佳，我環視四周，雲朵在自己腳底，我竟在山頂上感動地哭出聲。

大學畢業後，我一邊工作存錢，一邊在假日爬台灣百嶽，等台灣部分結束後，我就要去爬「吉力馬箚羅」。

登山的術語、山的名字與路線，我難以對工作上所遇到的同事聊起。只有妳對我說，每個人都有自己的目標，比如有人以8000公尺高山為主，全世界總共有十四座；

6　離群索居：離開群體，獨自生活。
7　吉力馬箚羅山：Kilimanjaro，位於坦尚尼亞東北，臨近肯亞邊界，海拔5895公尺，是非洲的最高峰，也全世界最高的獨立山。也譯作吉力馬札羅山。

另外一個目標，就是登上世界七頂峰，亞洲「珠穆朗瑪峰」、歐洲「厄爾布魯士峰」，北美洲「麥金利峰」；南美洲「阿空加瓜峰」；大洋洲「卡茲登茲峰」；非洲「吉力馬箚羅峰」；南極洲「文森峰」。

當然，南極洲的「文森峰」，和最高峰「珠峰」，都要花很多錢，與至少一年的準備期才有辦法辦到，其他都有辦法靠自己存錢就能去。妳侃侃而談[8]，說妳從國中就開始爬百嶽，爬山是妳人生中最棒體驗。

妳看向星空對我建議往後可同行時，我內心仍不斷疑慮，我不如妳太多。妳又說，南湖大山地形容易積雪，妳希望冬季都在山上生活訓練，提早面對，讓我聽來，更覺得不可思議。

「只有這麼痛苦，未來才有辦法面對珠峰。」妳篤定地說。

不管是七大頂峰、八千公尺山群，綜合起來，攀登8848的珠峰，永遠是全世界登山者的夢，但這需要長時間的訓練，最重要的還是錢，妳比著身上衣服上的贊助廠商標誌笑起。

「要獲得贊助，就要先把其他高山先爬過一次，讓大家認識妳，就願意贊助妳。」

我聽了妳的建議，後來與妳一起加強練習，妳毫不藏私，教我如何增加訓練量，後來的我們走下溪谷，背水上來再下溪谷，再多背一罐水上來，一次一次增加訓練的難度、重量。直到後來，我們能負擔彼此的體重行走，一背上妳站起那刻，我就感覺到肺臟吸不進空氣，雙腿肌肉爆

8　侃侃而談：說話從容不迫的樣子。侃，音ㄎㄢˇ。

脹。

「珠峰比這痛苦一百倍！」坐在我背架上的妳笑著大喊，直到我坐在妳的背架上時，看妳那脹紅的臉與呼呼喘息聲，我促狹[9]笑起。「我覺得是一千倍。」

我們結束南湖的訓練，一個月內我就攀登完百嶽，接著出國順利登上吉力馬箚羅主峰「基博峰」後，站在山頂轉身看向整片非洲大陸。雖然空氣稀薄，但訓練發揮功效，我意志清晰，肌肉有著力量。我抬頭看向天空，想要往更高地方爬去。接下來，我想要和妳一起去阿空加瓜。

然而我在布宜諾斯艾利斯醫院被截肢後，我的父親趕到醫院，狠狠打妳一巴掌，開口大吼。「爲什麼被截肢的，不是妳！」

我永遠記得在病房內聽見妳離去的腳步聲，往事歷歷讓我此刻更難入眠，雪依舊下著，像要覆蓋住整個世界。

▲查查看，說說看，寫下來：所謂的「七大頂峰」，各有何特色？試著分項製表，記錄這些特色。

我撐著枴杖，和家人搭機回臺灣，從此成爲一個普通人，我以爲我說出氣話後還能再相見，卻從此失去聯繫，直到我再見到妳，妳已成一個冰凍雕像，讓我無比懊悔。

能成爲「登山夥伴」、「繫繩夥伴」是多難得的事，

---

9 促狹：捉弄人的樣子。

在山上，我把自己性命交給妳，妳把生命交給我；我們一起看過這世界稀有美景，最美星空，也曾短暫受困山中，分享最後一片餅乾。我們之間已超越性別、年齡，是一種人格上的完全信賴——這樣的感情，又算是什麼？

經過三日後，我背著妳，穿過落雪的大地，終於看見前方雪地邊際的溪谷。走上溪谷後，來到雪地的最邊際，我從背架上解下了妳，讓妳躺在地面草雪之間，等待被登山客發現。

「學姊，到了……」

登山第七日，終於換我開口對妳說話。我脫下手套輕撫妳冰冷的臉頰，站在妳面前等待許久，確定妳不再對我說些什麼，我才彷彿如夢中醒來。我脫下太陽眼鏡替妳戴上，彷彿妳仍如昔攀爬中，只是在營地淺淺睡去，等待甦醒後再次攻頂。

回看在溪谷中，我的腳印與痕跡，會因春天雪融而被沖入大海不留痕跡。收起繫繩，背起背包，我轉過身離去。

學姊，我先走了，妳知道我將下山回到人間去，繼續扮演起那個平常的自己。

但我們都知道，只要爬過真正高山的人，就算身體回來了，心卻回不來。

如我，如妳。

四、運動小常識

攀登高山是迷人刺激的，但是登山過程十分危險，需要正確的技術及心態。在技術方面，體能訓練是很重要的，平時要有足夠的高山移地訓練，以減緩高原反應；上山前及登山時要隨時注意天氣的變化，遇到

風暴或雷電時，要選擇安全的地方休息；同時，輕量、保暖且安全的裝備也不可或缺。在心態方面，要有理性冷靜的頭腦，以及感覺到危險時不冒險攻頂，保命最重要。

五、賞析

　　本文的題目「雪線」，表面上指的是山區積雪不融的高度，但深入剖析，明白作者的深層意義是「心中對登山和山友絕對崇敬的愛」。而兩位主角都沒有姓名，代表的是兩人之間難以啓齒的愛情。

　　作者以第一人稱順敘、插敘的手法，寫自己對登山及對學姊的愛。故事一開始由山難新聞發現學姊的噩耗，再追憶從前登山的因緣，鋪敘登山隱藏無法預測的風險。女主角與學姊的緣份起於在南湖山上高地訓練偶然的相遇，女主角佩服學姊年紀輕輕就爬遍百嶽，她羨慕學姊身上有自己沒有的獨立和勇敢。而促使作者奮不顧身上山搜救學姊的屍體的原因，是她父親打了學姊一巴掌後，對學姊始終充滿懊悔及無奈，終於能透過這趟危險的旅程來找到救贖。

　　女主角在回憶與學姊共處的時光時，改由第二人稱「妳」來敘述，讀來給人喃喃絮語的溫柔之感。許多從前可能不好意思說出來的話，在回憶的告白中，變得完全沒有保留。兩人最深的依戀就是同生共死之情，在山上訓練時，互相背著鍛鍊體力，也承諾若發生意外，要把另一個人背下山。女主角最後完成了這個約定，將學姊屍體放在雪地邊際的溪谷旁，等待路人發現而不是自己送回學姊家，表現出登山者能把自己的性命交付給自然，命喪山區也是一種幸福的情懷；也有另一層意思，是女主角放下了對學姊的愛，且把它深埋心中不讓任何人知道。

　　作者在介紹登山的知識時，運用淺白易懂的描述，讓沒有登山經驗的人讀來，也很容易進入那片被雪覆蓋的情境中，在書寫運動文學時，可以學習這樣的技巧。

◎溫故知新：《論語・雍也》：「子曰：『知者樂水，仁者樂山。』」
這句話的意思為何？「樂」字該怎麼讀？

（莊金鳳　編撰）

六、寫作小教室

　　參考下列原文，再試著描寫自己在運動場辛苦練習的經驗，最後以一句對話來點出個人突破困境的領悟。文長 200 至 300 字。

　　在我們去阿根廷「阿空加瓜峰」遠征前，我們放棄原本的工作，在南湖山上紮營一個月進行高地訓練，只因南湖是臺灣山區積雪最深處，我與妳每日進行雪地訓練，按照等高線上升，逐步加強負重肌力，適應雪地低溫、低氧，以及長時間的靜默。

　　過往的鍛鍊最困難處，就是我們在雪地中輪流背起彼此，一個四十五公斤的人，就是山上最好的啞鈴。妳曾因此說。「也好，只要我們不是一起滾下山死掉，沒受傷的人，就能將對方背回去。」

　　這句話，深深刻在我心底。

七、檢索與思考

㈠「妳曾因此說，『也好，只要我們不是一起滾下山死掉，沒受傷的人，就能將對方背回去。』」作者這段話的寓意是什麼？

㈡「我永遠記得在病房內聽見妳離去的腳步聲，往事歷歷讓我此刻更難入眠，雪依舊下著，像要覆蓋住整個世界。」這一段文字的「雪」景，有怎樣的意涵？

㈢ 作者在故事結局說：「我們都知道，只要爬過真正高山的人，就算身體回來了，心卻回不來。」你是否曾在運動項目的練習過程中，完全投入，與自己的身體及意念深層對話，且眷戀、堅持不放棄？請分享自己的經驗。

橄欖球

Rugby

聯合式橄欖球，通稱為橄欖球、英式橄欖球，中文譯名是因運動使用橢圓形（橄欖形）球而來。其起源有多種傳說，現代的橄欖球運動最初來自於英國，與拉格比（Rugby）小鎮的拉格比學校密切相關。

1845 年　　橄欖球運動發展出第一套明確規則：「拉格比規則」（Rugby rules）。

1863 年　　英格蘭橄欖球俱樂部自英格蘭足球協會獨立。

1871 年　　第一個橄欖球運動組織「英格蘭橄欖球聯合會」（Rugby Football Union）成立。

1883 年　　六國錦標賽（Six Nations Championship）創立。由歐洲最強的國家隊英格蘭、蘇格蘭、愛爾蘭、威爾斯、法國及義大利組成。

1886 年　　世界橄欖球總會（World Rugby）成立。

1946 年　　臺灣省橄欖球委員會成立。

1995 年　　超級橄欖球聯賽（Super Rugby）成立，是南半球及亞洲最大的聯合式橄欖球俱樂部錦標賽（職業聯賽）。球季始於 1996 年的「超級 12 聯賽」。

1996 年　　澳洲、紐西蘭及南非共同創辦橄欖球冠軍錦標賽（The Rugby Championship）。

1998 年　　曼谷亞運會，臺灣代表隊獲男子十五人制銅牌。

2002 年　　釜山亞運會，臺灣代表隊獲男子七人制銀牌、男子十五人制銅牌。

2016 年　　列入奧運會正式競賽項目。

我與橄欖球

夏烈

一、導讀

　　本篇選自《大學的陽光與森林：課堂外教授要告訴你的》。讀者不僅能藉由本文得知臺灣橄欖球早期發展源流概況、本項運動精神的特質；透過作者所描述的實際經歷，也能令人體察出他對橄欖球運動的情感，及其對作者生命經歷的影響。

　　文章開頭作者即揭示本文的寫作是來自於大學任教開課科目所需，並坦言對自己而言，所謂的大學生活，最令其感懷的只有橄欖球所帶來的快樂與回憶。延續這樣的主題，文中巧妙融入對當時臺灣橄欖球發展情狀的介紹。對臺灣民眾而言，相對冷門的橄欖球運動，可以因此而有較為清楚的認識。作者以個人親身經驗來現身說法，一方面為大眾釐清了對此運動「野蠻」的誤解，也點明了橄欖球真正陶冶的精神特質，更重要的是書寫它對於自身的影響，包括人際關係、教學態度方面等。通過作者的回憶和今昔的觀察、比較，本文流露出懷舊的情思與人生的感慨。

　　作者在文中結合運動小簡史與個人經驗、感悟，使得原本客觀性的運動項目，顯得別具價值和意義。文末作者之言，尤其有發人省思之處。

　　閱讀本文時，建議注意以下幾點：
㈠ 了解橄欖球運動的精神特質。
㈡ 體會作者對橄欖球運動熱愛的原因及文中所蘊含的人生感觸。
㈢ 學習作者將運動賦予個人意義的寫作筆法。

二、作者介紹

　　夏烈，本名夏祖焯（1941-），美國密西根大學土木工程系博士，

曾在美國聯邦政府擔任工程專案經理。返臺後，先後任教於國立清華大學及國立成功大學等校，被稱爲「教文學的工學博士」。夏烈出生於文學世家，爲臺灣知名作家何凡（夏承楹）及林海音之子。其長篇小說《夏獵》曾獲國家文藝獎。著作有《白門再見》、《流光逝川》、《建中生這樣想：給高中生的十七堂人生要課》等。

三、正文與注釋

　　我在大學開的課有一門是「散文及小說寫作」，自己卻少寫散文，現在要寫幾篇，就以臺南成大爲背景，寫我最熟悉的橄欖球運動。

　　成大四年[1]可以説是不愉快的四年，只有任橄欖球校隊主將帶給我快樂及回憶。不愉快的原因有二，第一是對工學院的課程沒興趣，但是畢業於建中，當年同學間無形的壓力只能考理工醫。第二是那時成大剛脱胎於臺南工學院不到十年，所以男女生比例爲十六比一。我成績極不好，又去追一個北一女保送來、一路第一名、微積分創當時全校有史以來最高分的女生，是男生指定的「十要」榜首（當然也有「十不要」）。所以在過江之鯽中，想要躍龍門那種艱辛可想而知，比打橄欖球還辛苦。以後這個女生在美國留學時還是嫁給我，只是她對我當年打橄欖球的英勇與艱辛毫無讚揚，毫無感覺。

　　橄欖球在臺灣或中國大陸均極不普遍。絕大多數中國人不知道球則，只認爲是一項野蠻的運動，互相推撞，屬海明威[2]筆下鬥牛、獵獅、深海釣大魚、戰爭……等同格

1　成大四年：作者畢業於國立成功大學電機系。
2　海明威：Ernest Miller Hemingway（1899-1961），美國著名小說家，曾獲1954年諾貝爾文學獎。

的男性化剛強競爭。老子戒剛強，有「物壯則老，是謂不道，不道早已。」[3]又有「善者，果而已，不敢以取強，果而勿矜，果而勿伐；果而勿驕，果而不得已，果而勿強」[4]之語。實際上橄欖球不完全靠蠻橫；閃躲的技巧、整體的作戰策略更為重要。我記得建中高班蔡姓學長不過一百六十五公分、五十五公斤，似乎高二就打到國家代表隊。他在人群裡鑽來鑽去，摔倒他可是不容易。以後他在日本及美國行醫，我想該是位頭腦冷靜的好醫生。

　　橄欖球因有劇烈身體接觸，摔倒、推撞、亂集團爭奪⋯⋯等動作，所以是除拳擊外，最容易受傷的運動，然而我從未看到因對方攻擊而發脾氣或互相毆鬥。因為橄欖球員注重榮譽，正面衝突，不躲避，不搞小動作，絕對尊重對手，自我控制，否則就不配擁有打橄欖球的資格。橄欖球動源自英國，是一項「紳士們所進行的野蠻運動」。一旦決定兩隊的比賽時間、地點後，不論下大雨、刮大風、下子彈，都一定照常舉行。在我唸高中、大學時代，球場規則是就算受傷退下去，也不能替換、由剩下隊友繼續作戰，直到下半場才准補人。所以不可以因為一點小傷就退場，這樣會對己方不利，對對方而言也是不敬的行為。這個運動注重團體作戰，沒有個人英雄，鮮有明星球員出現。

3　物壯則老，是謂不道，不道早已：意指萬物如果強壯，就距離老死不遠了。因此，壯並非順道而行的表現。既是不循正道之事，則恐怕會提早消亡。語出《道德經》第三十章。

4　「善者果而已，⋯⋯果而勿強」一句：意指善於用兵之人，有了成果就會知道要適可而止，不敢因此以強奪自豪。所以，有了成果不可自負、不可自誇、不可驕傲。用兵獲得這個成果是不得已的，並非有意誇耀強盛的武力來驕傲自滿的。語出《道德經》第三十章。本句為「物壯則老」的前句。

　　一九三〇年（民十九年）日本西部橄欖球協會成立臺灣支部，正式引進此運動。一九四一年全日本高校橄欖球大賽，建中前身臺北一中擊敗福岡高校獲全日本冠軍。臺北一中球員全爲日本人子弟，我們臺灣人是沒資格入一中的（後來放寬，每年限收五名）。光復後建中隊在中學聯賽曾蟬聯第一屆至第十九屆全省冠軍，如果第二十屆再得冠軍，則銀杯永遠保存。但是第二十屆敗給實力堅強的臺南市長榮中學，全體建中隊員及教練剃了光頭向建中及校友謝罪。因爲連得十九屆冠軍，所以各大學球隊在召募球員時常以建中畢業生爲對象，不管是否曾爲建中校隊。也因其他各中學強隊清一色不是學術性高中[5]——像附中、臺南一中、臺中一中、新竹中學、高雄中學……等彼時均無橄欖球隊，現在可能還是沒有。而那時大學少，錄取率非常低，非學術高中的橄欖球校隊不太可能考上大學。黃春明曾是羅東中學的橄欖球校隊隊員，我請他來大學演講，他沒講小說寫作，卻大談當年羅中如何想擊敗建中隊——全省均以擊敗建中爲目標。

▲查查看，說說看，寫下來：橄欖球運動中，什麼是「亂集團」？

　　橄欖球因由日本傳入臺灣，所以所有術語均以大和英語[6]發音，比如橄欖球Rugby唸成「喇孤畢」，摺人搶

5　學術性高中：相當於現在的普通型高級中學。
6　大和英語：指日式發音的英語。大和，日本的代稱。

球Tackle唸成「塔枯陸」，前鋒第一排First唸成「法斯豆」；最妙的是犯規Penalty唸成「披鴨立地」，踢罰球Try唸成「土賴」。因為中國那時無此運動，所以早年外省人不打橄欖球，各校隊球員都是臺灣人。最先球隊用日語發音，後來改成臺語發音。我是校隊中極少數的外省人，其實是「半山」[7]，因為先慈[8]是臺灣人。我的觀察是橄欖球員大多比較土氣、粗獷、直率、憨厚，沒有籃球員或足球員的摩登和帥氣。訓練比其他球員要艱苦許多，否則如何忍受得了那種衝撞？球員另一主要鍛鍊是速度及耐力，因為不到上半場結束不得換人（受傷退場也不准補人）。我們那時每天下課都練球，一上來先跑五千公尺。有個球員也在田徑校隊，他告訴我們，大家的速度有一半以上可以參加中上運動會。其實橄欖球校隊很少只專注一種運動的。

　　我在大二時赴臺北參加全國聯賽。賽程中正值主科「應用力學」的期中考，向那位福州口音、教書一級爛的教授請假補考，他竟然不高興，不置可否[9]。我不管，立刻赴北參賽，得到全國大專組亞軍歸來。教授很勉強的准我補考（憑什麼不准？），學期終了送了我一個六十分及格。我現在大學教書，對修我課的各種校隊同學特別鼓勵，我的作風真是不錯！

　　成大隊彼時一直沒有正式教練，校長認為這是種野蠻的運動，幸好臺南市橄欖球運動盛行，所以南市隊的國手

7　半山：即「半唐山的本省人」，通常指日治時期旅居中國，二戰後返臺的臺灣本
　　省人；或指二戰後外省人與臺灣本省人所生的第二代，是較不禮貌的稱法。又稱
　　「半山仔」。山，唐山的簡稱，指中國。
8　先慈：稱已故的母親。
9　不置可否：不表示同意或反對。形容人對事物不表明態度。

如楊水生先生、邱漢生先生（亦是成大土木系畢業）有時來校指導。我們後來採用一種叫「拿破崙」的陣式，是交叉傳球困惑及誤導對方的戰術。這種陣式是否像宋江陣或八卦陣，令敵方攻入後迷宮，飛砂走石接踵而來[10]，一片淒風苦雨[11]呢？我看是說不上。因為我們不是諸葛武侯那類多計之士。

　　我打過兩個位置，一個是「爭球前衛」，那是在亂集團爭球我方獲球後，由地上拾球快速傳給後衛，有時用「魚躍式傳球」，姿態相當優美。而我最常打的位置是「第一排中鋒」Scrum Center。這個位置的身材不一定要高大，但手腳必須靈活。兩個邊鋒則是高大強壯者，他們倆在集團爭球時把我架起，有時我兩腳同時離地用腳快速勾球。我們得全國大專組亞軍那次最後出戰師大隊，雙方球員多是建中出身，先禮後兵，又愉快又鬥狠。

　　那時只有臺大、成大及中原三所大學有工學院，所以能考進是很大的榮耀。我唸成大時在炮兵學校附近租房子，兩間四個人住。有一個姓謝的建中時和我同班，粗壯、板橋農家出身，成大柔道隊隊長。我們倆不太上課，也少唸書，除了每天運動、吃狗肉、賭牌、喝廉價酒，弄得其他兩個斯文的室友有點惶惑，怎麼遇到這種工學院的學生。橄欖球隊開過一次舞會，我也帶謝同學參加，因為是同行或同類。有個傢伙帶了一瓶香水，藍色的瓶子，形狀很奇怪，是洋香水，但是裡面裝的是明星花露水。他每隔一陣子就向舞池人群上方空中灑香水，這種舉動我認為

10　接踵而來：形容事物接連到來。
11　淒風苦雨：形容悲涼悽慘的景況。

是「驚人之舉」了。那天舞伴都不是成大女生，也不知道是哪裡弄來的一批當地女孩子。我那時正在追求那個漂亮的北一女保送來的「十要」，我是沒帶她去這個舞會。

　　許多年後，有一天我到臺大操場慢跑，遇到成大隊出戰臺大隊，很高興的趨前與教練及球員交談。我看成大隊球員普遍比我們那時高大、英挺，氣質也好，還有漂亮的女同學及護士隨隊，境遇是比我們那時好得多了。聽他們說現在女同學都比較看好有「男子氣概」的橄欖球員。我唸成大時的校隊還是以工學院學生為主，土木系居多，電機系一個都沒有，可能與各系的氣質及工作環境有關。因為土木系（「老土」）常有野外工程，開路架橋都是土木工程師；電機及資訊一定在辦公室內，即使化工及機械也常在室內或工廠內工作。隊員普遍功課不怎麼好，但是後來我們都在美國唸到博士學位，可能身體比較好的原故——讀書堅持下去常和身體狀況有關。多年後我在美國舊金山灣區遇見建中及成大土木系同隊隊友陳俊一博士及陳文雄博士，話舊，相當親熱。那時我的妻子任美國中國工程師學會會長，陳俊一學長是學會的理事，幫了她不少忙，部分也是基於和我同為橄欖球校隊的友誼（陳學長當年就是我右手邊鋒）。那時我的妻子已對相當於橄欖球的美式足球感到興趣，對橄欖球員（包括我在內）的英勇也有進一步的瞭解及認同。一般認為打橄欖球除了技術及鬥志以外，還要有「感覺」——穿上球衣外觀英挺的話，就有潛力成為好球員，但我體型早已進入中年期，穿上球衣也不挺拔了。

▲查查看，說說看，寫下來：橄欖球與「美式足球」有哪些相同和相異之處？

　　唸大學時也曾有一次，我在臺北帶一個嬌滴滴、細瘦、張愛玲型的女孩子[12]（不是女友，長得還不錯，聽說常在校園獨來獨往，所以男生稱她為「卓不群」）去看中華隊出戰日本橄欖球代表隊，她看得茫然，這些人野蠻的搶球是怎麼回事。戰況激烈時，她輕輕告訴我想吃一枝橘子雪糕。我聽了大驚，值此中華民族生死存亡、四野殺聲震天之際，怎麼會聯想到一枚雪糕上去？所以未予理會，反正也不是我想追的女孩。

　　西方的文化源於希臘精神及基督教。奧林匹克運動會的特色是爭勝，爭第一，不是只有友誼及參加。因為只有第一才被人記得。這種爭勝的精神影響當時希臘的軍事、外交、戲劇⋯⋯等等，也影響了西方人的積極進取。日本有些橄欖球隊在連敗幾場後，會採用一些儀式，如道士作法，來驅除惡運，據我所知成大隊及建中隊沒有如此做過。另一個奧林匹克的特色乃公平性及道德性，正面及正當的競爭。這兩種特色是西方的精神，也是橄欖球運動的精神。橄欖球運動造就出尚武好戰的球員，二戰時美國登陸搶灘的海軍陸戰隊戰士，有許多是相當於英式橄欖球的美式足球員出身。橄欖球員在亂集團中搶球跑出、左衝

12　張愛玲型的女孩子：意指體態纖細、性格高傲的年輕女性。張愛玲（1920-1995），現代女性小說家，其作品善於塑造女性形象。

右闖，猶如《三國演義》中所言「於千軍萬馬中，取上將之頭如探囊取物[13]」，而且只「一盞茶[14]的功夫」。換言之，橄欖球員在服役時多是在第一線作戰、野戰部隊的軍人，不是坐辦公桌、中午回家吃飯的那種軍人。一戰爆發英國對德宣戰之日，英格蘭橄欖球隊協會立即提供該會有歷史性的球場聖地爲陸軍緊急練兵場，以主將爲首，全體球員在義務軍志願書上簽名。其後大英國協共有五十八名國際級橄欖球員戰死沙場。我們鄰國的盧泰愚大統領[15]年輕時曾是韓國陸軍代表隊的選手。

　　橄欖球校隊隊員一畢業就被稱爲OB（Old Boy之稱）。所以成大校隊寄信給我時不稱「夏祖焯教授」而是「祖焯OB」。橄欖球員之間的感情比任何一種運動隊員要強，因爲是一種沒有個人英雄、激烈、受傷率高的運動。即使畢業後成爲OB，與敵隊的OB相見，還是很親切。有一次我在南歐洲旅行，遇見當年臺大隊的同一位置者，交談十分愉快。我現在是建中校友會常務理事及建中文教基金會董事，每次開理事及董事聯席會議時，有不少當年的建中或各大學橄欖球校隊出席，大家穿西裝，兩鬢微白，口袋裡麥克麥克[16]，有崇高的社會或學術地位，開會結束肅立高聲合唱建中校歌時，那種榮譽與歲月流逝之感，卻是感慨萬千。

13　探囊取物：形容輕易就能做到。語出《三國演義》第四十二回，是關羽向曹操稱讚張飛的話。

14　一盞茶：古人喝一杯茶的時間，約10至15分鐘。此處形容短時間。

15　盧泰愚大統領：盧泰愚（1932-）曾任韓國第十三任總統。大統領，韓國對於總統的稱法。

16　口袋裡麥可麥可：形容有錢。麥可麥可，一說爲英文much的中式發音，一說爲形容錢在口袋裡互相撞擊之聲。

　　我在寫此文草稿時，看到報上新聞以建中校友為主幹的桃園縣隊，在全運橄欖球比賽大勝宜蘭縣隊，比數為九十比零，創有史以來得分最高紀錄。

　　我已逐漸老去，回憶中愉快的事不是很多，想到當年在橄欖球場上衝殺，想到的球場是在黃昏暮色中，我們在場上一邊傳球，一邊發出像印地安人向被包圍的美國騎兵要進行大屠殺前，挑釁而興奮的尖聲呼喊……那就是我生命中輝煌燦爛的夏日，夏日的光芒短促，但領受其中的快樂仍是令人欣愉。我們在球場上拼命奔跑，迫不及待的跑出校門。出了校門，仍然奔跑，跑進了更複雜的成人世界，卻回返不了昔日朱牆內的風光。我把那些珍貴的東西遺落在成大的朱牆[17]內。

四、運動小常識

㈠ 臺灣也有橄欖球超級明星

　　在我國，橄欖球並不是一項廣為大眾熟知的運動，熱愛此運動的球迷也不多，但在 1950～1980 年代，臺灣卻有位超級橄欖球明星時時出現於民眾眼前，他就是──大同寶寶。第 1 個大同寶寶生產於民國 58 年，他胸前印著數字 51，代表大同公司創立 51 年。在設計時，由於當時臺灣較為盛行的運動是橄欖球，且大同公司也希望能以橄欖球「分工合作、不畏艱難」的運動精神做為企業象徵，故便以此為公仔形象理念，設計出了大家熟悉的，身穿紅白橄欖球員服飾，手抱橄欖球的吉祥物「大同寶寶」。

㈡ 一句話惹怒紐西蘭人

　　除了別將紐西蘭與澳洲混為一談外，在紐西蘭千萬不要拿以下三件事開玩笑：英國女王、《魔戒》及橄欖球。雖然已經獨立，但紐西蘭人仍

17　朱牆：紅牆，國立成功大學圍牆原為紅磚所砌成。

然相當尊敬英國女王，因此在言談間，請不要對英國女王不敬。另外，紐西蘭人對於自己的國家成為《魔戒》系列電影主要拍攝地一事，多數都感到十分得意，若你將此事做為開玩笑的談資，當地人可是會感到不開心的。至於在橄欖球的部分，則是由於紐西蘭國家橄欖球隊。這支創立於 1892 年，黑色隊服上繡著銀蕨圖樣，暱稱黑衫軍（All Blacks）的球隊戰績輝煌，是全紐西蘭人民的驕傲。他們在出賽時，總是會於賽前表演紐西蘭原民毛利人的傳統「哈卡舞」（Haka），除具威嚇敵人的效果外，也展現出奮戰的精神與對紐西蘭當地原民文化的融合、認同，因此不論是從球隊取得的成就，或是從精神文化層面而論，橄欖球在紐西蘭都是國球等級，深得該國民心的運動，所以，到了紐西蘭，千萬別拿橄欖球開玩笑喔！

五、賞析

　　作者在本文中，透過橄欖球為引，回溯過往記憶，激起自己對年少歲月的緬懷，使人頗有盛年不再來的感慨。另外，作者以回憶的方式來書寫，也使讀者對過去臺灣橄欖球的發展情狀有所認識，並有助於對此項運動精神特質的釐清。

　　一開始，由〈我與橄欖球〉的題目命名，作者就已點明了這將會是一篇極重視個人運動體驗的文章。而從文章實際寫作的內容上來看，橄欖球在本文中的意義已不再單純指涉一項作者曾從事過的體育運動，它象徵著作者璀璨又歡愉的青春時光，成為其人際脈絡的重要橋梁，更是引發作者產生今昔之感的對照標的物。經由對回憶內容的選擇、擷取，作家賦予這項運動多層價值，使之成為極度私人化的事物，強化了主客之間的連結，令人分外能感受到作者對橄欖球運動的熱愛、情感。此外，除了對自己參與運動歷程的描寫和臺灣橄欖球早期發展小歷史，文中作者有相當程度的篇幅其實是著重於對橄欖球精神的書寫。「野蠻」是作者提到旁人對橄欖球運動的印象時最常出現的詞彙，可是對深入接觸過此事物的作者來說，橄欖球卻是項注重榮譽、團隊合作、公平性、道德感並強調自我控制與刻苦訓練的活動。在刻板印象的澄清上，為避免讀者對作者用個人濾鏡美化運動的疑慮，文章裡利用了不少客觀人證

進行觀點支持。

　　本文首段作者說自己是以成大為背景，寫橄欖球運動，但就其陳述的內容而論，不如說是作者通過此一運動，敘述個人在生命中的獲得與失去。在與同伴一起向球門（人生道路）不停奔跑的道路上，在與對手（校門外複雜成人世界）的碰撞裡，作者將他生命中短促卻輝煌欣愉的夏日留在了過去，表露出追憶逝水年華的感傷。

◎溫故知新：在《三國演義》裡，張飛有哪些膾炙人口的事蹟？

（林曉薇　編撰）

六、寫作小教室

　　在本文中，作者雜揉了臺灣橄欖球類發展史及自己大學時期參加橄欖球隊的生命記憶，使得這項運動在單純的肢體運動外，別具情感與個人象徵意義。你是否有也曾有相同經驗呢？請以個人經驗為依據，融入你在參與這項運動時所得到的體悟，撰寫一篇介紹運動的作品。字數不限。

七、檢索與思考

㈠ 文中所提橄欖球給人的既定印象與作者認為的實際特質分別為何？請說明。

㈡ 作者文中提及不少參與過橄欖球運動的傑出人物，並認為其後續優秀的表現，或與橄欖球運動帶來的影響有關。請試就文中作者所呈現的橄欖球運動特質，討論其於現實生活中所能帶來的影響。

㈢ 文末作者寫道：「那就是我生命中輝煌璀璨的夏日，夏日的光芒短促，……跑進了更複雜的成人世界，卻回返不了昔日朱牆內的風光。我把那些珍貴的東西遺落在成大的朱牆內。」你認為作者遺落的事物為何？又給了你怎樣的感受與啓發呢？

游泳

Swimming

相傳公元前二十五世紀在古埃及已有類似游泳的活動。直到十八世紀末，游泳才開始成為一種普遍的運動。競技游泳則是源自於十九世紀中期的英國及澳洲，二十世紀初，游泳比賽逐漸普及至世界各國。游泳又分為競技游泳和實用游泳，是一項可以增強肺活量以及肌耐力的運動。競技游泳是奧運會的熱門賽事，有蝶式、仰式、蛙式、自由式、混合式以及花式等等。

1837 年　英國游泳協會成立，近代游泳競賽從此展開。

1869 年　世界第一個國家游泳總會——英國業餘游泳總會成立。

1896 年　游泳被列為奧運會的正式競賽項目。

1908 年　國際游泳聯合會（FINA）成立。

1994 年　第一屆全國身心障礙國民運動會，游泳賽是 7 個比賽項目之一。

1998 年　蔡淑敏獲曼谷亞運會女子 200 公尺自由式金牌。為臺灣選手首次奪得國際游泳賽事冠軍。

2005 年　楊金桂囊括曼谷亞洲室內運動會女子 100、200 公尺自由式，以及女子 100 公尺蝶式三面金牌。

2007 年　王韋文獲澳門亞洲室內運動會男子 100 公尺蛙式金牌。為臺灣男子選手首次奪得國際游泳賽事冠軍。

如果孔子是位教練，他會要求選手「像河水一樣」

徐國峰

一、導讀

　　本文選自徐國峰部落格（http://rocky549.blogspot.tw/）。作者從孔子對於水的慨歎與描述，聯想到運動員在各種競技場上所該具備的美德，並藉由河水的流動引出人生的思考，指出我們社會需要勇於追求夢想而非只追逐成績的運動員。

　　徐國峰大學期間加入游泳隊之後，從此深深著迷於耐力運動的世界，多年來致力於耐力訓練與比賽，不斷在鐵人三項的世界裡尋求各式各樣的「美」。他幾乎天天下水練泳，對於游泳的熱情就像心跳似的，隨著人事變遷有時高有時低，但卻從沒消失過。「我時常不自覺地愛上進入水中的另一個自己。游到投入忘我時，好像回到最初在母體裡的羊水裡似的，渾沌、純粹、自然。」他熱愛游泳，同時也熱愛先秦諸子的學說思想，因此，在本文中，他將儒家哲人對於水的領悟，與運動員的生活相連結，寫出這篇生動精采的的運動哲學散文。

　　文中提及參加三鐵集訓的高中學生討厭文言文，尤其討厭孔子。點出了高中體育班的普遍學習狀況，國文課堂中的文言文，對於許多高中生，尤其體育班學生，是一大困擾。本文作者用心良苦，引述兩段孔子描述水的話語，透過轉化，與運動員生活連結，侃侃闡釋這些古代經典哲理所蘊含的人生智慧。學生閱讀此文，必能對於孔子產生不一樣的觀感，降低對於文言文的排斥，並且將文中所學到的事理，運用於自己的生活中，成為勇於追求夢想的運動家。

　　閱讀本文時，建議注意以下幾點：
㈠ 聯想、借物說理等寫作手法的運用。
㈡ 面對學習困境時，能轉化心態並尋求解決的方法。

㈢ 省思運動員的生命意義，培養競技運動的道德意識與社會責任。

二、作者介紹

　　徐國峰（1983-），國立清華大學化工系、國立東華大學中文研究所畢業。曾獲臺灣鐵人三項錦標賽分組第一名，現專職寫作、翻譯、研究與從事耐力運動訓練。著作有《鐵人三項》、《在水裡自由練功》、《挑戰自我的鐵人三項訓練書》等。

三、正文與注釋

　　不知為何，從國中開始與先秦典籍中文字的頻率很合，先秦哲人那種即事言理的方式，總是讓我興發各種豐滿的意象。大學時有選課自由後，就選修了不少先秦典籍的課，若要用個人喜好來排序的話，這些典籍中我尤愛《論語》，再來是《莊子》、《老子》，最後是《孟子》和《荀子》。但其實荀子的論理思維跟我最像，也許正因如此，我所嚮往的正是離我最遠的孔子與莊子，前者論「仁」，我則是最無仁心之人；後者論自然之「道」，我則離道極遠，只能偶而在寫作和運動的剎那過程體會到「道」的存在。

　　無論如何，最早打動我心的還是《論語》。若要從《論語》眾多閃爍著智慧的文字中挑選一句的話，我心中就會升起「逝者如斯夫，不舍晝夜」[1]這句話。在研究所期間更以此為題，寫了《先秦儒家水意象析論》的碩士論文，雖然可能沒什麼人會想讀這樣的研究性論文，但我卻深深引以為傲，甚至比跑步環台或226km的超鐵跑進十小

1　逝者如斯夫，不捨晝夜：歲月就如流水，日夜不停留。

時還感到自豪。自己也常再拿起來讀，而且每次讀都有新的體會。跟那些我寫過的運動類文章（或書）不一樣，因為那些都是我懂我做得到的事，但先秦哲人所描述的境界或是修養工夫都是比鐵人三項還難的事。

最近發生一件事卻讓我不得不好好反省自己對於中國哲學的愛好，……事情是這樣子：從一月十九號開始，花蓮市的三位高中生來位於壽豐鄉的東華大學集訓，他／她們跟我住兩個星期。雖然是個肩負重責的任務，但能看著他／她們和東華鐵人一起訓練與起變強，心底總會湧出無可取代的喜悅感。寒訓過程中，其中一位來東華集訓的高中選手說：「教練，明天我不能練習了。」

聽到那語氣讓我有點擔心：「怎麼了。身體不舒服嗎？」

「不是，我國文被當了，要回學校補考。」

另一位聽到反嗆說：「國文被當！為什麼會？你不是中國人嗎？怎麼連國文都學不好！？」

「那些都是什麼子曰、孟子說的文言文，我根本就看不懂，不知道他們在說什麼。」最後又補了一句：「我最討厭孔子了。說了一大堆話讓我們背得要死！」

雖然我只是他／她們的三鐵[2]教練，但對於一位研究儒家經典的中文碩士生來說，這件事還是讓我耿耿於懷……

雖然「先秦」（秦朝統一中國以前時代的統稱）已距今兩千多年前，他們的語境已經跟我們差很大，但人生所

2　三鐵：指鐵人三項全能運動，包括游泳、腳踏車、長跑。另有田徑比賽投擲項目中的鉛球、標槍、鐵餅，也合稱三鐵。

會遭遇到的各種問題、各種處事（處世）的智慧、修養的工夫大都包含在先秦哲人的話語裡頭了！孔子、孟子、荀子、老子與莊子的話語中含有許多讓運動員非常受用的修養工夫，只是語境的差異，讓年輕學子無法進入，無法實用，就像怎麼把「姿勢跑法（Pose Method of Running）」運用到實際的訓練課表中一樣，因為跑者們有著一層語言的障礙，難以理解，需要有人把它轉化成我們懂的中文，另此我們才能「受用」。重點還是在「轉化」，如何把古人的知識與智慧轉化成現代人所能了解的語言，或是轉化成為運動家的智慧與精神。

▲查查看，說說看，寫下來：什麼是「運動意象」？對於運動員而言，具有怎樣的意義？

　　子在川上曰：「逝者如斯夫！不舍晝夜。」（《論語・子罕第九》）

　　這句話似乎讓我看到孔子站在河裡，看著河水不斷往前奔流……而逝，我的論文正是從這句話展開的。在撰寫論文那時，我常去東華大學旁的荖溪游泳，碧綠的河水從臺九丙[3]下流過，我喜歡站在其中緬懷孔子發出此嘆的心情：他是在感嘆時光流逝？感嘆年華老去？還是在感嘆他的仁政理想無法實現嗎？我覺得孔子不是在感嘆過去的時

3　臺九丙：臺九線省道丙支線。臺九線又稱東部幹線，是臺灣東部一條南北向的省道。

光，而是在讚嘆河水日夜不停向前奔流的精神！讚嘆它不管碰到任何阻礙都繼續向前，碰到坑洞就填滿它、碰到山壁就衝撞它、碰到大石就繞過它，既剛強又圓滑。

我非常喜歡《荀子》中描述河水美德的一段話：「孔子曰：夫水，遍與諸生而無爲也，似德。其流也埤[4]下，裾拘[5]必循其理，似義。其洸洸[6]乎不淈[7]盡，似道。若有決行之，其應佚若聲響，其赴百仞之谷不懼，似勇。主量必平，似法。盈不求概[8]，似正。淖[9]約德達，似達。以出以入以就鮮絜[10]，似善化。其萬折也必東，似志。是故見大水必觀焉。」[11]（《荀子‧宥坐篇》）

荀子想像孔子之所以喜歡河水，是因爲他看到河水的各種美德。他說：

河流是一位有德者，因爲它供給水源給流經地區的所有生物卻不求回報（教練是否就該如此，而不是分門別派地認我的選手你不準碰，我的選手不準讓別的教練帶）；河流也是位有守義之士，因爲它不走捷徑不走後門，該怎

4　埤：低下。埤，音ㄅㄟ，通「卑」。
5　裾拘：指桀鷔不馴、難以束縛。
6　洸洸：威武壯觀。洸，音ㄍㄨㄤ。
7　淈：此指竭盡的意思。淈，音ㄍㄨˇ。
8　概：古代量米粟時刮平斗斛用的木板。這裡引申為刮平，不使過量的意思。
9　淖：此指柔和的意思。淖，音ㄋㄠˋ。
10　絜：清淨。絜，音ㄐㄧㄝˊ，同「潔」。
11　本段《荀子‧宥坐篇》引文語譯：水呀，廣大普遍地給予所有生命而自己無所作為，這似乎是它的道德。它總是流向卑下的地方，雖然桀鷔不馴難以束縛，但總有一定的道理，這似乎是它的義理。它威武壯觀永不竭盡，這似乎是它的道路。如果突然打開缺口讓它通行，它馬上回應奔流而去而且發出很大的聲響，它奔赴百丈深谷也不畏懼，這似乎是它的勇敢。它注入量器中必然很平，這似乎是它的法則。它滿盈了而不必請求用東西來刮平，這似乎是它的公正。它柔和得連最微小處也能到達，這似乎是它的通達。它一出一入，就會變得光鮮清潔，這似乎是它的善於變化。它雖然經過千萬次曲折但必向東流，這似乎是它的意志。所以君子見到大水必然要來觀看。

麼走就怎麼走，遵循一定的河道，固守正道（如果吃禁藥可以讓你名利雙收，也不會有人發現，那該不該吃？只要想想你最初接觸這項運動的初衷是什麼就能找到答案，義守當爲）；河流也具有自強不息的剛健之道，他像永遠也流不盡似地源源不絕地向前奔流（儒家的剛健之道是運動員的最佳詮釋：自律、不間斷的訓練、高度的韌性與不斷追求更強的身體）；河流也是一位勇者，面對深谷不懼而決斷如流（不管前面有什麼河水始終勇往直前，賽場上的運動員也是，他們揹負了太多的訓練與期待，被過去的水推著走，沒有退路）；河流更是一位有志氣者，不管努力過程如何屈折，最終的目標永遠不變，永遠朝東方的大海流去，不管遇到大石、高山或深谷，他始終一心在此目標上而向之趨赴（有進步、有退步，有受傷的低潮、有上台的榮耀，不管寵辱，運動家的志向始終不變：追求更強的境界）；河水能滲透到物品的微小隙縫中，我們對於任何學問的專研也該如河水一般浸灌透徹，涵泳玩索，久之當自有體會（專研所有能使身體變得更強的知識，沒有通透的知識，永遠站不上世界的頂端）；河水流過坑洞必先填平然後過，就像有法度者均平制度一樣，水盈滿後不用刮平斗斛的器具就能自平自正，就像比賽場上無須裁判在場也能自行遵守比賽規定（同樣的路線、同樣的天氣、同樣的距離與出發時間，看誰先到達終點誰就贏，公平得很，這就是運動比賽的精神，用身體決勝負，誰贏誰輸各憑本事）；任何出入流動河水中的物品都能變得更爲潔淨（運動員能淨化社會，帶給社會力量；那就像任何一位好教練能淨化選手靈魂，使他們專一致志，帶給他／她們力量一樣）。

運動員怎能不向河水學習呢？

每次到茗溪就想到孔子望著河水的身影，就會想到運動家該具備的德、義、道、勇、善化、志、察、法與正。

除了觀水與反省，我也喜歡直接潛進茗溪裡逆流而上的感覺，那讓我能更加體悟到「水感的奧秘」。在水中時因為手掌和手臂在水中形成「支撐點」才能讓其餘的身體（包括另一隻手臂）向前進——手不動身體動。但因為逆流時水不斷往身後流去，所以在逆流的水中划手就好像在跑步機上跑步一樣，手腳一直移動，但身體卻一直留在原地——手動身體不動。你可能也有過這樣的經驗：在游泳池剛開放的時刻第一個跳入池中時，特別有水感，好像每次划水都特別扎實，但轉身後水感就變差了。那是因為一開始泳池中的水沒有被其他泳客（與你自己）擾動，所以是「靜水」，特別容易「支撐」，但轉身後池水已經被你擾動過了，所以支撐就變困難了。

我思考著孔子是否也思考過相同的問題，「如果他不曾讓整個身體泡進水裡，再想辦法讓它前進的話，他可能永遠也不會去想到『把身體撐高』與『游速』間的關係。」但再把視域放寬來看的話，孔子和我都在思考「移動」的問題，而移動的問題正與「時間」密切相關。

孔子思考的對像是河水的流動，從河水的流動映照到人生……「人的一生也是如同河水般日夜不停地向前奔流，一刻不停」，所以他說「逝者如斯夫，不舍晝夜」，所以我說「在水中或道路上飛奔前進，時間一直用同樣的速度推進，不管吃飯、睡覺、工作，時間亦毫不停留片刻」。既然如此，那們為何而游而騎而跑呢？當河水不再流動，它就不再具有德、義、道、勇、善、志、察、法與

正的特質與能力了，我想，當我不再游不再騎或跑時，也
許我還能自平與自正，也能專心致志在自己的研究領域之
中，但停止不動的水只能是死水，停止不動的我又怎還能
教化我的學生，如何施與，如何義守正道，不再流動的水
也不再需要源頭，不需要面對外在險阻的勇氣，當然也失
去了追求夢想的志氣。

　　我們這個社會，是需要運動家的，需要勇於追求夢想
的運動員。雖然他們的「德、義、道、勇、善化、志」可
能大都對國家的GDP[12]沒有幫助，也無法降低失業率，但
他／她們的價值就像臺灣還僅存的美麗溪流一樣，那水本
身的價值可能沒多少錢（目前臺灣一度水=1000公升的水
約7~11元），但它卻是臺灣這塊小島上最寶貴的資產，運
動員也是。如果孔子是一位教練，他會要他的選手「像河
水一樣」，而不是追求成績，成績只是手段，「像河水一
樣」才是目標。

四、運動小常識

　　優秀的游泳選手在水中快速前進時總是流暢而且充滿力量。他們划
手的過程中不會搖晃、沒有停頓、不去猛力推水，兩手划水的時機與節
奏掌握得非常完美。從第一次划手到下一次之間幾乎沒有接縫，也幾乎
沒有停頓，如此流暢的前進，就代表著速度穩定。每次划手只在維持速
度而不必重新加速，水會感覺比較「輕」，速度自然在穩定中提升。所
以划手節奏、流暢度與頻率，是高速游泳的秘密。

---

[12]　GDP：Gross Domestic Product的縮寫。國內生產總值，即一個國家或地區在一定
　　時期內所產生的全部產品和服務的市場價值。

五、賞析

　　先秦典籍蘊含深奧人生哲理，然而其書文字古雅，往往令現代學子望而生畏。游泳，是現代人強身健體不可或缺的活動，也是各項運動競賽的重要項目。這兩件看似天南地北、截然不相關的事物，卻在作者筆下巧妙地連結，轉化爲一篇平易而生動的運動散文。

　　本文是作者發表於個人部落格的文章，是以文中並無華麗辭采及刻意的寫作設計。作者就像與人聊天一般侃侃而談，先以自身經驗談起自己對於先秦典籍的喜愛，然後回想起三鐵集訓的一件插曲，帶出高中生厭惡孔子的現象。作者藉此慨歎古代經典的語境與現代相差太太，應該轉化爲現代人能了解的語言，書中的珍貴智慧才能令人受用。接著，作者便舉了兩段孔子對於水的話語，親自實踐了他的「轉化」理論。

　　孔子在川上的慨歎，令作者聯想到水的剛強與圓滑。孔子讚嘆水的德、義、道、勇、法、正、達，善化與堅志，令作者聯想到運動教練的無私、運動員的義守當爲、自律、永不懈怠、專心一志……等美德。這些貼近運動員生活的聯想，讓古代經典語言變得親切。

　　除了觀水與反省，作者也分享他的「水感的奧秘」，剛跳入泳池中游泳時，特別有水感，但轉身後水感就變差了。因爲「靜水」，容易支撐，而擾動過的水，支撐就變得困難。進而思考「水中移動」與「時間」的相關性，思考「把身體撐高」與「游速」間的關係。最後，作者學習孔子，從河水的流動映照人生，針對當前社會提出呼籲，希望運動員們不要只追逐成功，要勇於追求夢想。

◎溫故知新：《道德經》第八章載有老子的一句名言：「上善若水。」
　這句話應該如何理解？

（莊湛芬　編撰）

請沿虛線剪下

六、寫作小教室

　　文中引述《荀子》中孔子讚美水的文句，句中運用許多譬喻來描述水。然後，作者又將這些水的美德，聯想到運動員應該具備的品德與操守。請參考文中的聯想、說明及下列表格中的範例，擷取一項水的特質與你最擅長的一項運動相互連結，發揮想像力，說明這項運動的現象、技巧，或是競賽中應該遵循的道理。

範例：

	水的特質	運動事理
水	河流也是位有守義之士，因為它不走捷徑不走後門，該怎麼走就怎麼走，遵循一定的河道，固守正道。	如果吃禁藥可以讓你名利雙收，也不會有人發現，那該不該吃？只要想想你最初接觸這項運動的初衷是什麼就能找到答案——義守當為。

習作：

	水的特質	運動事理
水		

七、檢索與思考

㈠ 作者認為，如果孔子是位教練，他會要求選手「像河水一樣」，請跟據
　文章末兩段，說明作者希望運動員具備怎樣的特質？

㈡ 本文篇幅雖長，脈絡卻十分清晰。請根據下列內容概述來組織本文架
　構，在空格中填入恰當的內容代號。

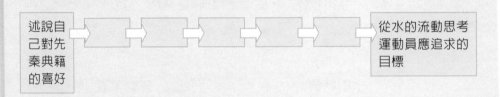

1. 想像孔子在川上的心情
2. 花蓮高中生厭惡文言文的事件
3. 古代典籍中蘊含珍貴的運動員修養功夫
4. 自己潛進荖溪體悟「水感奧秘」的經驗
5. 引述《荀子》書中孔子對水的讚美並加以詮釋

㈢ 文中提到一位高中生非常討厭孔子。你呢？對國文課或是文言文，你有
　何看法。閱讀本文之後，你會如何看待你在國文課中閱讀到的文章？

桌球

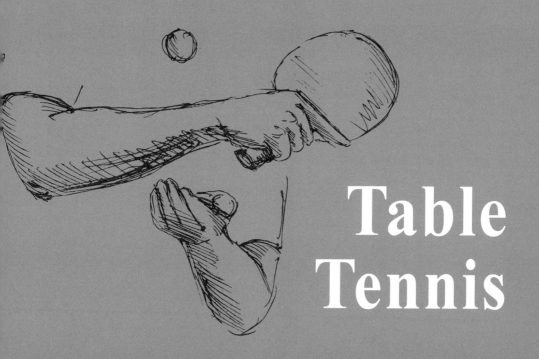

Table
Tennis

桌球是「桌上網球」，又稱為乒乓球（Ping-Pong）。起源於十九世紀末的英國，由網球發展而來。二十世紀初，桌球運動蓬勃發展。桌球球拍起初只是一塊稍為加工的木板；到了二十世紀五十年代初，日本人發明了厚海棉球拍。

1890 年　以合成樹脂製成的賽璐珞（Celluloid）球代替原來的軟木或橡膠球。因球拍擊球碰檯後，會發出乒乓的響聲，於是又稱為乒乓球。
1902 年　英國人庫特（Goodea）發明了橡膠顆粒球拍。
1926 年　國際桌球總會（ITTF）成立，制定國際比賽規則。
1958 年　李國定獲東京亞運會桌球男子單打金牌。為臺灣選手首次奪得國際桌球賽事冠軍。
1981 年　國際奧委會承認桌球為奧林匹克運動項目。
1988 年　桌球列入奧運會正式競賽項目。
2003 年　國際桌球總會開始將世界桌球錦標賽分為單項與團體比賽。臺灣莊智淵到達生涯最高的世界排名第 3。
2013 年　臺灣莊智淵與陳建安搭檔獲得世界桌球錦標賽男子雙打冠軍。
2016 年　鄭怡靜在里約奧運女子單打項目晉級八強，創造臺灣本土女子選手最佳紀錄。
2019 年　臺灣代表隊獲得澳洲阿拉夫拉運動會男子團體、男子單打、女子團體、女子單打四項冠軍。

陳靜反手彈

劉大任

一、導讀

　　本文選自《強悍而美麗：劉大任運動文學集》。作者用小說式的筆法行文，希望讀者能藉由他生動的描述，體會運動員突破自我極限的美。

　　作者先由一則新聞談起，介紹五位世界冠軍來臺表演比賽，以及他們打桌球的特點，接著聚焦到陳靜身上，寫陳靜打球的獨到之處，再藉此深思中國傳統中對身體美學的歧視。作者透過杜甫〈觀公孫大娘弟子舞劍器行〉這首詩，說明他原本以爲古人對於舞蹈是著重在外部衣著或是器物的鋪張，而少寫身體的變化；但在看了陳靜的球技之後，有了深一層的領會——運動好手在表演或面對敵人時，會有一股難以言喻的威懾感。

　　而後，作者有機會親自訪問陳靜，了解她學桌球的歷史，又近距離觀察她，知道她成功的要素是天生的速度快，以及教練刻意訓練她用左手打球，因而塑造她無與倫比的反手絕技。接著，作者描寫陳靜的兩場比賽：與聯合國第一高手喬治過招、漢城奧運會對李蕙芬的金牌戰。前者寫出陳靜絕佳的判斷力，以及打球的精準和俐落；後者寫陳靜更高的一層境界——超越對手想像的心理戰法。再搭配杜甫詩描寫公孫大娘舞劍的技巧，烘托陳靜具有技壓四座的大師風範。

　　閱讀本文時，建議注意以下幾點：

㈠ 學習描寫一位你尊敬的運動員的眼神、身體狀態、運動技巧；針對他的獨特絕技，可以用譬喻的方式來具體化。

㈡ 深入分析運動員克敵制勝的策略，可以用其他的運動項目來互相參照，讓讀者更容易理解運動的美。

二、作者介紹

　　劉大任（1939-），是運動文學的早期開創作家。加州大學柏克萊分校政治研究所碩士；之後放棄博士學業，投入保釣運動。他長期在聯合國秘書處工作，1999 年退休，現專事寫作。劉大任年輕時與朋友合辦雜誌，陸續發表小說及散文，兼具知性與趣味。著作有《紐約眼》、《青春之歌：追憶 1970 年代台灣左翼青年的一段如火年華》、《強悍而美麗：劉大任運動文學集》等。

三、正文與注釋

　　　閱報知臺灣乒乓球界將有盛事。陳靜[1]、曹燕華、郭躍華、陳新華和梁戈亮五位世界冠軍在臺灣南北舉行一連串表演比賽，可惜不能躬逢其會[2]，但遙想乒乓熱潮席捲寶島，加上乒乓球是我近十年來下了點苦工的一門運動，不能不有所感。

　　　今年四、五月間，陳靜曾應邀來美表演、教學，我因此有機會跟她學球，並在近距離觀察她的手法、步法和全套高超球藝。練球餘暇，又多次請益、訪談，何不趁此機會，記下一些感想？

　　　五位世界冠軍，打法各有不同。梁戈亮可以說是老一輩的橫拍削球手，他在五十年代流行歐洲的加轉和穩健削球技術基礎上，發展出利用兩面性能不同的膠皮倒拍發球和削轉與不轉球，提高了中國削球手的深度；加上擺短、逼角和削中反攻等技術內容，可以說為八十年代新一批削球手如陳新華等的出現，打好了基礎。一九八五年在瑞典

1　陳靜：1968年生於武漢。1988年代表中國國家隊獲得漢城奧運桌球女子單打金牌、雙打銀牌。1992年加入臺灣合作金庫桌球隊。1996年代表中華臺北贏得亞特蘭大奧運桌球女子單打銀牌、2000年雪梨奧運再獲桌球女單銅牌。
2　躬逢其會：親自參加這個盛會。

哥德堡舉行的第三十八屆世界乒乓球錦標賽，陳新華的削攻結合全面打法出盡了風頭。對瑞典隊的團體決賽中，他一人獲得兩分，從頭到尾面帶笑容，步法靈活，手法穩中帶兇，中國的這個「秘密武器」風靡³了整個歐洲。曹燕華與郭躍華都曾連續兩屆獲世界單打冠軍，他們是中國八十年代直拍反膠近檯快攻的代表人物。曹燕華的正手拉打結合幾乎天衣無縫，速度與旋轉之間的矛盾解決得極爲美妙，反手高拋發球是她的發明。反手推下旋之後側身打大板是她的重要得分手段。郭躍華的正手弧圈，自稱動作像扔鐵餅，旋轉強、功力足，落檯後迅速下滑，特別是他的前沖側旋，威力超過殺球。他的反手區本來是個弱點，但因爲步法特別好（請注意他的小腿肚），速度快，照顧範圍廣，有時撲完正手中檯球還可以回到反手位再用正手拉死對方，令人叫絕。

毫無疑問，五位世界冠軍都是中華民族近十幾年來產生的最優秀運動員，但我想集中談一談陳靜。一來是上文提到的難得機緣，二來是陳靜的反手彈絕活，可以說是人體運動的極美境界。借力反彈不僅動作經濟、乾淨漂亮，而且落點刁、節奏突然，保持了中國傳統以快制轉的特色，而且以預防性的先發制人方式，相對減低了歐洲弧圈球的威脅，預示了中國男子乒乓球運動攻破歐洲關、打翻身仗的一個方向。同時，看陳靜的球，我不能不想到中國文化傳統中的一個老問題。

中國人一貫歧視身體。肢體語言是中國文明的死角，這只要看一看漢民族的舞蹈就一目了然。以現代觀念衡

3　風靡：隨風傾倒，比喻服從或流行。

量，稱之爲舞蹈，而如此抹殺身體的表現者，我們大概是世界第一。因此，看漢民族的舞蹈，彷彿身體成了障礙。而需在身體以外如衣帶、水袖之類附加物的線條舞動上去體現精神意義。體育運動在中國人的頭腦裡，當然就更形而下了。

　　舞蹈是一種身體的表現運動，乒乓球是一種體能運動的辨證[4]舞蹈。這是我的個人體驗。請細言之。

　　首先得從杜詩談起。

　　杜甫看公孫大娘[5]舞劍，有這麼兩句：「觀者如山色沮喪，天地爲之久低昂。」[6]

　　中國文化傳統中居然還有這種爲「身體的表現藝術」產生巨大震動的場面，簡直難以置信！看看晚會上盛行那一套舞扇、舞綵帶、舞傘、舞燈籠的節目，我一向以爲中國人對於自己的身體，大概只有食色兩器，稍有感覺。年輕時背誦這首杜詩[7]，因此感受不深，不過以爲壯大場面的誇張描寫而已。

　　待看到陳靜打球，才忽然體會，也許杜公此詩，並不是躬逢其會有感而作的應酬遊戲。

　　第一次看陳靜打球，在錄影帶上。

　　那是我苦練乒乓球、遍訪名師的年代。

　　年過不惑[8]才苦練一門體能要求嚴格的運動，其窘狀不言而喻。所以我的拜師行動，主要就是明查暗訪，從各

4　辨證：對於不同事物，通過邏輯思考來分析論證其關聯性。
5　公孫大娘：活躍於唐玄宗時期的舞蹈家，以善舞劍器聞名。
6　觀者如山色沮喪，天地為之久低昂：觀看人群多如山，臉上表情驚訝不已，天地好像也被她的舞姿感染，起伏震盪。
7　這首杜詩：即杜甫詩〈觀公孫大娘弟子舞劍器行〉。
8　不惑：四十歲。也稱作不惑之年。語出《論語‧為政》。

種能到手的錄影帶裡，尋找自己應該模仿學習的對象。

我一向持直拍，反手推檔，正手拉弧圈。這個打法，自然不是新創，是中國近台快攻的一個變體。七十年代以後，歐洲（主要是匈牙利）發展出兩面拉強烈弧圈的新戰術，以莊則棟爲代表的正貼（臺灣稱顆粒板）兩面攻和以李富榮、李振恃爲代表的正貼左推右攻打法，漸漸頂不住了，以快制轉，捉襟見肘[9]，於是窮變求通，在近台快攻的基礎上，發展出直拍反膠，反手加、減力推擋和正手拉打結合的新戰術。我初學此道時，正值雙華（郭躍華、曹燕華）統治世界的風光時期，不學他們學誰？

> ▲查查看，說說看，寫下來：在桌球運動中，什麼是「直拍」？什麼是「橫拍」？兩種球拍的握法各有何利弊？

有那麼幾年，我跟我兒子兩個轉戰南北，從佛羅里達州的邁阿密打到加拿大的多倫多，就憑著高拋發球球落對手桌面後產生的偏斜運動，我這套發球搶攻戰術每每使習慣兩面拉[10]的黑白洋鬼子不知所措。但隨著自己技術的提高，所遇對手的實力也相對提高，這兩下子漸漸吃不開了。三板打不下來，接下去便輪到對方攻你，於是，我的只能推擋的反手區，便日益陷入苦戰不勝的僵局。

這時候，我發現了陳靜。

9　捉襟見肘：拉整一下衣襟就看見手肘，比喻無法顧及整體，照顧不周的窘態。
10　兩面拉：通常指橫拍負手板正、反兩面拉攻的動作。

　　嚴格說，應該是我在紐約唐人街一家錄影帶出租店的櫃子裡發現了一九八六年在河南鄭州舉行的全國乒乓球錦標賽中的陳靜。

　　陳靜那時候不過十六、七歲，短髮齊耳、高挑身材，面容秀麗，打完一分後喜歡用三根手指尖輕輕捏著球拍柄，彷彿不勝重荷。看來人如其名，像臺北街頭五十年代一手推車一手捲書的綠制服女生。

　　然而，她低身發球時冷眼覷[11]著對方的神氣，有一點什麼不可捉摸的東西，有威懾[12]感。這東西究竟是什麼質地，當時沒有仔細分析，我注意的只是她的反手球。她的反手快彈，命中率高，突然性強，經常打亂對方的節奏，讓我看見了突破自己困局的一條出路。

　　這次在紐約跟她學了入門的一點技術，平常練習還可以略彈幾下，一比賽便發僵，一點使不出來，才明白這看似從容瀟灑的動作，後面必須有多年的深厚根柢。

　　陳靜六、七歲在武漢讀小學時被發掘，十五歲便在全國性比賽中初露鋒芒。當時教練怎麼挑中她實在是個謎。我知道中國乒乓球專業選才的標準極為嚴格，從骨骼粗細、動作協調、反應速度到精神面的情緒型態和意志品質，都有一套科學標準。我問陳靜這個問題，她說她自己也不明白，只是從一開始，她的速度便比別人快，我想她的反手彈就是在這種「天生快」的自然基礎上發展出來的。尤其讓人驚異的是，陳靜天生並不是所謂的左撇子，除了打乒乓球，她一切都用右手。她說她用左手打球，完

11　覷：看。此處有眼神銳利的意思。覷，音ㄑㄩˋ。
12　威懾：以聲勢而使人恐懼服從。懾，音ㄓㄜˊ。

全是她的啓蒙教練決定的。仔細想來，這個決定很有意思。訓練一個六、七歲的小孩打乒乓球，左右手都是一張白紙，應該皆無不可。但用慣了的右手必然帶來一些習慣動作，可能在技術造型上產生一定的影響，在這個意義下，訓練力量不大、習慣動作不多的左手，不但從零開始，可以塑造最乾淨、準確的手法，而且因爲力量不大，爲了發揮攻擊力，就必須極力追求準確的落點和速度。我覺得這是陳靜反手彈球有今天造詣的第二個重要基礎。

從近距離觀察陳靜的球，便可以看出來，她的似從容實迅速的步法移位，她的正手拉球，基本上都是爲反手的這一板做準備。甚至可以說，比賽中的陳靜，一切動作，都以反手這一板作爲成敗得失的焦點。發球後，她的回擊準備位置，立即以反手拍的攻擊板型爲重心，身體的其餘部分，從眼睛到腳尖，都爲此配合。她的反手拍就是她的劍尖，她的全部意識都集中在這個致命武器最犀利的一點上。

▲查查看，說說看，寫下來：桌球運動中，關於「站位」和「步法」有哪些值得注意的地方？

五月上旬，我以聯合國乒乓球俱樂部的名義，邀請陳靜來表演，我請了聯合國第一高手喬治・布賴斯韋特君跟她過招。喬治不是等閒人物，他綽號「酋長」，不但是圭亞那、美國和泛美運動會的歷任冠軍，一九七一年的乒乓

外交[13]，他擔任美國隊的主力。此君年輕時百米成績十秒二，目前年紀雖然大一些，依然矯捷頑強，他的兩面弧圈球，穩健踏實，功力深厚，每一球都fully loaded（滿載，意謂極強烈的旋轉），落地下滑，刁鑽古怪，一般高手都擋不住，只能退出，等球速和旋轉減弱再設法拉回頭。但陳靜打他，簡直像吃白菜，球一跳起便掃回去，落點控制得準確無比，專揀酋長難受的地方。這種打法，網球運動叫做打short hop，大陸乒乓球界有個專有名詞，叫做「打上升期」。所謂打上升期，說明很簡單，要做到，卻不折不扣的辨證唯物論[14]。怎麼說呢？球碰桌面後的反彈，一般有一個弧線，在弧線頂點以前這一段回擊來球，就叫做打上升期。為什麼說這個動作是辨證的唯物論呢？因為回擊動作是一種辨證關係，不能以不變應萬變，必須判斷、辨別來球的落點、力量、速度與旋轉程度，以便相應調整自己的板型（角度）、揮拍速度和擊球點。應付弧圈球，通常球拍應瞄準球體赤道線至北極圈的經線，來球旋轉越強，觸球點便越接近北極。酋長的弧圈球，實力國際一流水平，正手擋、撥、帶已經十分不易，何況反手彈！那天我在不到五公尺的地方仔細觀察，幾乎百分之九十的反手位球，陳靜都是毫不猶疑地彈回去的，這種信心，沒有超人步法和手法，絕不可能做到。陳靜不但做到，而且你看她移位、揮拍、還原這一連串動作，乾淨俐落，輕鬆自

13　乒乓外交：指1971年4月，美國桌球協會的團隊因外交考量，成為1949年以來首批進入中國的美國運動員，並間接促成美國總統尼克森（Richard Milhous Nixon）於1972年2月訪問北京。1972年4月，中國桌球隊也回訪美國。這是當時雙方外交關係的重大突破，為雙方建交奠定基礎。
14　辨證唯物論：主張物質先於意識，物質決定意識的一種歷史辯證理論。或作辯證唯物論。

然，百萬軍中取上將首級，彷彿探囊取物[15]。

　　當然，這一場友誼賽，不是陳靜專業的高峰。一九八八年漢城奧運會，全世界的中國人，一共才拿五塊金牌，陳靜拿金牌的那一仗，才是一場技術與意志發揮到極致的血戰。那一場金牌之戰打滿了五局。陳靜先贏兩局，第三局打到丟士以後，李惠芬勝。最奇怪的是第四局，從錄影帶紀錄看，那一局球，李惠芬打得相當順手，陳靜彷彿處處挨打，落點、速度、變線……好像什麼都打不出來，可一到第五局，她完全變了個人，凌厲無比，完全把對手鎮住了。我問陳靜這中間為什麼有那麼大的變化。她說她打第四局時有這麼一個想法。她說李惠芬是那種很實在的球，如果跟她硬拼到底，她一定越打越旺，不但第四局，第五局也可能輸掉。於是她臨危做了個冒險的決定。第四局送球到她舒服的地方給她打，等她打順了，第五局再拼命發揮自己的特長。兩局之間的懸殊變化造成了李惠芬心理上的壓力，她思想很難扭轉過來，應適一慢，陳靜的勝利也就有了保障。

　　我忽然明白了鄭州之後陳靜眼中的那一點不可捉摸的東西。那種威懾感，不是純機械的技術，而是氣勢。

　　這就可以讓我再回到杜詩。

　　中國詩史上描寫舞蹈有所謂「四如句」，即杜甫寫公孫大娘劍舞的四句詩：

　　霹[16]如羿射九日落，
　　矯如群帝驂[17]龍翔。

15　探囊取物：伸手到袋子裡取東西，比喻事情極容易辦到。
16　霹：雨止而雲散的樣子。霹，音ㄎㄨㄛ丶。
17　驂：乘、駕。驂，音ㄘㄢ。

> 來如雷霆收震怒，
> 罷如江海凝清光。[18]

　　這哪裡是描寫舞蹈動作，完全寫的是氣勢。別忘了，杜甫寫此詩已年過五十，他看公孫大娘舞劍時才五、六歲。這四如句詩自然是根據回憶的印象。五歲的眼睛是沒有任何污染的眼睛，赤子之眼捕捉的只能是事物的本體；五十歲的筆法是歷盡人間滄桑的筆法，是知天命的智慧。四如句便是這樣的結合。

　　我要給臺灣有幸看球的觀眾這樣的觀念。請帶上五歲的眼睛與五十歲的智慧，則你將看到人體運動的極美境界——陳靜反手彈。

四、運動小常識

　　慣用手的發展主要是受先天性優勢大腦所影響，而非後天習慣養成。根據研究顯示，絕大部分右撇子的優勢半球在左側，左半腦在語言理解、概念分析、邏輯推理、組織分析的能力較為優秀；左撇子較多使用右腦來思考，因此在空間概念及想像能力會較好。孩子在二歲之後大腦才會開始分配各個區域的任務，慣用手也會在此時開始慢慢建立，非慣用手則成為協助的角色。臨床治療認為不要硬性更改慣用手，以免造成左右手功能混淆；但運動員刻意訓練左右開弓的能力，則可以補慣用手的不足，且與大多數慣用右手的運動員產生區隔。

五、賞析

　　本文的脈絡分明，為了推導出結論「以五歲的眼睛和五十歲的智慧看人體運動的極美」，層層布局，條理明晰。首先以五位頂尖桌球選手

---

[18] 㸌如羿射九日落等四句：劍光璀璨奪目，有如后羿射落九日般迅捷；舞姿矯健敏捷，恰似天神駕龍飛翔；起舞時劍勢如雷霆萬鈞，令人屏息；收舞時平靜，好像江海凝聚的波光。

訪臺為切入點，分別介紹他們打球的特色，這裡展現作者書寫運動術語的細膩能力，讓不了解桌球的讀者可以建立清楚的觀念。接著聚焦介紹陳靜的球技，以及陳靜學桌球的歷程，深入剖析陳靜獲勝的獨到之處，在於先天的速度優勢、教練訓練她用左手打球的遠見，以及她冷靜又善於分析敵人心態的心理戰技巧。

　　本文最精彩的是作者用杜甫詩，寫出五歲初見公孫大娘舞劍時，內心的震撼；五十年後看見公孫大娘的學生李十二娘舞劍，找到這項舞蹈動人之因：氣勢。作者以自己的領悟，期望觀眾觀賞運動表演或比賽時，能夠帶著杜甫五歲時的單純眼睛，欣賞運動員身體的表現，以及獨特之處；再以杜甫五十歲時的智慧，探索運動員之所以有這種表演或競技策略的原因，以及他震撼人心的氣勢來源：是純熟的技巧、充分的自信、對敵人心境的揣摩，以及對自己身體肌肉骨骼收放自如的掌握。

　　作者是運動文學的重要代表作家，寫作技巧表現在他仔細說明桌球的各種技巧，以自己的經驗和優秀球員的技巧對比，既介紹球員特色，也寫出桌球技巧的發展簡史，透過人物帶出桌球技巧的發展歷程，讓文章讀來有故事的趣味，而沒有知識的艱澀。

◎溫故知新：回憶一下，歐陽脩的〈賣油翁〉說的是什麼故事？對於
　運動員而言，有哪些啟發？

（莊金鳳　編撰）

六、寫作小教室

參考下列原文，仿作排比及譬喻的手法，描摹出運動員的姿態及氣勢。請注意加框的文字運用。文長 150 至 300 字。

從近距離觀察陳靜的球，便可以看出來，她的似從容實迅速的步法移位，她的正手拉球，基本上都是為反手的這一板做準備。甚至可以說，比賽中的陳靜，一切動作，都以反手這一板作為成敗得失的焦點。發球後，她的回擊準備位置，立即以反手拍的攻擊板型為重心，身體的其餘部分，從眼睛到腳尖，都為此配合。她的反手拍就是她的劍尖，她的全部意識都集中在這個致命武器最犀利的一點上。

七、檢索與思考

㈠「陳靜先贏兩局，第三局打到丟士以後，李惠芬勝。最奇怪的是第四局，從錄影帶紀錄看，那一局球，李惠芬打得相當順手，陳靜彷彿處處挨打，落點、速度、變線……好像什麼都打不出來，可一到第五局，她完全變了個人，凌厲無比，完全把對手鎮住了。」由上文推論，陳靜第四局的心態為何？她為什麼要這麼做？

㈡「訓練一個六、七歲的小孩打乒乓球，左右手都是一張白紙，應該皆無不可。但用慣了的右手必然帶來一些習慣動作，可能在技術造型上產生一定的影響，在這個意義下，訓練力量不大、習慣動作不多的左手，不但從零開始，可以塑造最乾淨、準確的手法，而且因為力量不大，為了發揮攻擊力，就必須極力追求準確的落點和速度。」作者認為陳靜的教練刻意讓她用左手打球的原因為何？你認同教練的決定嗎？為什麼？

㈢「五歲的眼睛是沒有任何污染的眼睛，赤子之眼捕捉的只能是事物的本體；五十歲的筆法是歷盡人間滄桑的筆法，是知天命的智慧。」作者認為要用杜甫觀賞公孫大娘舞劍的經驗，以五歲的眼睛和五十歲的智慧來看運動表演或競賽。你認同這種說法嗎？為什麼？

跆拳道

Taekwondo

跆拳道源自於朝鮮的傳統搏擊武術，「跆」指踢擊，「拳」指拳擊，「道」則是修練。從發展過程來看，跆拳道也與中國的傳統武術功夫「唐手」，以及日本松濤館流空手道的關係密切。

1955 年　韓國崔泓熙將軍首先提出「跆拳道」一詞，被推崇為跆拳道創始人。

1961 年　韓國成立唐手道協會，後更名為跆拳道協會。

1966 年　國際跆拳道聯盟（ITF）在韓國成立。

1967 年　中華民國國防部引進跆拳道運動，定名為「莒拳」，並將其列入三軍戰技訓練課程。

1973 年　中華民國跆拳道協會創立，並成為世界跆拳道聯盟的創始會員之一。

1973 年　世界跆拳道聯盟（WTF）在韓國漢城（首爾）成立。

1988 年　跆拳道被奧林匹克運動會列為示範項目。陳怡安、秦玉芳獲漢城奧運會跆拳道女子組金牌。

1992 年　跆拳道被奧林匹克運動會列為試驗比賽項目。陳怡安、童雅琳、羅月英獲巴塞隆納奧運會跆拳道女子組金牌。

2000 年　跆拳道被奧林匹克運動會列為正式競賽項目。

2004 年　朱木炎、陳詩欣分別獲雅典奧運會跆拳道男子、女子組金牌。

有輸過沒怕過──人生失敗學

簡良達

一、導讀

　　本文選自《跆拳是一種態度》。作者將自己學習多年跆拳道的經驗以散文方式呈現，各篇章之間可互相呼應，也可以單獨閱讀。作者用很生活的方式把跆拳道的本質及內涵表達出來，深入淺出探討青少年以至於青年人所該具有的特質與氣質，使跆拳道不只僅是一種運動項目而是自我涵養的方式。一般民眾容易認為跆拳道只是一項運動或比賽，然而透過本書作者介紹了跆拳道的武德，使我們更能看見跆拳道的真實樣貌。

　　臺灣自從漢城奧運勇奪金牌後，學習跆拳道的人數增加。之前學習跆拳道多以強身健體為主要目標，然而經過推廣、認識，會發現跆拳道不僅僅是運動項目，更多時候是可以增強體魄、鍛鍊心志的方法。跆拳道在比賽開始前、結束後，無論輸贏都要向對手敬禮，非常注重禮貌，崇尚武德。「以禮始，以禮終」的高規格面對自我，使這項運動更為與眾不同。

　　只要是比賽都會牽扯勝負，人人都想透過勝利來當成自我驗收和自我價值的呈現。但是當自身價值是通過外在眼光而決定時，我們很容易迷失自我，忘記自我本質。於是我們往往只願意面對得意，卻很難接受挫敗。對於失敗，我們通常敬而遠之，逃避失敗。本文卻肯定失敗的存在意義，如何面對失敗是本文重點。在人生道路上也夾雜許多勝負，然而更多時候是自己與自己的較勁。閱讀本文時，建議注意以下幾點：

㈠ 習得不怕輸，接受失敗的正確心態。

㈡ 引用名言佳句會讓文章更有說服力。

㈢ 善用譬喻及舉例讓文章更活潑生動。

二、作者介紹

　　簡良達（1983-），現任為國立政治大學跆拳道社兼任指導教練、國立臺灣大學跆拳道代表隊技術顧問。曾為兩校跆拳道校隊隊長，世界跆拳道聯盟國際四段，相關經驗豐富且樂於推廣跆拳道運動。著作有《跆拳是一種態度》。

三、正文與註釋

　　「抱歉，你是個好人，但我們還是當朋友比較好。」相信聽過的人，都心碎了無痕。許多人生的挫折，或許就從這句話開始，但恭喜你，瞬間長大了不少。分手、告白被拒、考試考差、比賽輸了……沒有一樣是自己想遇上的，卻常不經意在生命轉角遇到，躲都躲不掉，只好笑著打招呼。

　　跆拳道就像人生，只是把勝利與失敗具體化。其中的輸與贏共同幫助一個人成長，就像我個人相當喜愛的「糖醋排骨」，甜中帶酸，酸裡甘甜，這樣的人生才有滋味。

　　如果我們能健康看待失敗如同勝利，會不會少一點烏雲而多一點陽光？

　　起碼，輸與贏都不能阻止你微笑。

失敗就像口香糖

　　黃志雄[1]說：「失敗很正常，那是邁向成功最好的潤滑劑。」

　　陳詩欣[2]說：「勇於面對，敢於挑戰。沒有所謂負面

---

[1] 黃志雄：曾獲2000年雪梨奧運跆拳道男子組第一量級獲得銅牌，2004年雅典奧運參加第二量級獲得銀牌。
[2] 陳詩欣：曾獲2004年雅典奧運女子組第一量級跆拳道金牌。

思考。壓力、挫折都是自找的。」

　　朱木炎[3]說：「面對失敗，首先搞清楚怎麼來的、再來面對並接受它，最後打敗它。輸在起點沒關係，贏在終點就好。」

　　楊淑君[4]說：「只要做快樂的自己，失敗不過是哭一哭就痊癒的事，沒什麼好在意的。」

　　宋玉麒[5]說：「失敗的是事件，不是自己，讓失敗留在原地，自己要繼續向前走。」

　　以上是我們的奧運跆拳道健兒對於失敗的看法，可以歸納出就是：「失敗，關我什麼事？」可以說相當的健康，專走「養生路線」的。

　　如果在失敗後想著：「輸了，好慘喔！」那麼下次可能還是會輸。只在乎輸的感覺，就跟贏絲毫沒關係，那又怎麼會贏。

　　如果積極的想著：「要怎樣才不會再輸？」成功的機率當然就大增。整體原因很簡單，因為你已經開始找出方法應對，如果沒有嘗試過失敗，又怎麼會珍惜勝利的甜美？

　　有輸就會有贏的一天，但不想找出贏的方法，只在乎輸的挫敗，那在原地停留的時間會更久，連烏龜都跑得比你快。愛因斯坦[6]說：「人生就像騎腳踏車，如果想要

3　　朱木炎：曾獲2004年雅典奧運男子組第一量級跆拳道金牌，2008年北京奧運男子組跆拳道銅牌。

4　　楊淑君：曾為國家隊跆拳道選手，於倫敦奧運賽後已退役，目前為臺北市立教育大學助理教授級專業教師。

5　　宋玉麒：曾獲2008年北京奧運男子組第二量級跆拳道銅牌，目前為私立中國文化大學技擊運動暨國術系專任助理講師。

6　　愛因斯坦：Albert Einstein（1879-1955），相對論的創立者，有「現代物理學之父」的稱譽。1921年諾貝爾物理學獎得主。

保持平衡就得往前走。」（Life is like riding a bicycle. To keep your balance you must keep moving.）

　　其實，我想我是沒有資格談失敗的，頂多就是國、高中都考過最後一名，或者自國中打過縣市代表隊之後，在大專盃沒拿過冠軍，到現在仍在努力中。除了偶爾感到遺憾與不舒爽，還不是活得好好的。因為比起許多人，別說稚嫩得可以，回想以前到今天種種，也不過就是輕輕跌跤，沾點灰塵──貼個OK繃就沒事了。

　　我記得電影〈阿甘正傳〉[7]（Forrest Gump）裡面說：「人生就像一盒巧克力，你永遠不知道下一口的味道是什麼？」（Life was like a box of chocolates. You never know what you're gonna get.）同樣的，「失敗就像口香糖，嚼一嚼再吐出來就行，硬是要吞到肚子裡，就對身體不好。」正常人沒有吞口香糖的嗜好，都會吐出來，所以何必苦吞失敗。

　　既然我們無法避免一輩子不失敗，於是怎樣跟這位「好朋友」相處顯然很重要。每個人都害怕失敗，因為那不是一種很舒服的感受，在我們的舒適圈之外。

　　哈利波特勇敢面對佛地魔[8]的故事告訴我們，每一種負面情緒的本質是「虛空的虛空」，只有面對，才能解決。

　　上面的幾位高手及高高手──共同的秘訣就是知道如何面對失敗，失敗讓他們更清楚自己，有多清楚自己的軟

7　阿甘正傳：美國電影名。內容記錄阿甘雖患有先天殘缺在困厄環境下成長，而透過阿甘的眼睛，看到外在世界的險惡複雜與庸俗市儈，而更覺人性真誠的可貴。

8　佛地魔：Lord Voldemort，是英國作家J.K.羅琳（J.K. Rowling, 1965-）創作小說《哈利波特》（Harry Potter）系列中的虛構人物，也是主人公哈利波特的對手，小說中稱其為「史上最危險的巫師」。

弱，就會有多強，因此面對並解決失敗，就像吃口香糖一樣，知道了味道，吐出來就好了，沒有什麼事比把口香糖吞進去更傻了。

不要當失敗鬼

對你來說，「失敗」是什麼？

一個考生很努力念書，大考成績揭曉，卻連吊車尾都不是。

一個跆拳道選手比賽準備許久，卻眼看裁判把手舉向另一方判勝。

當下只能說感覺很差，肝火旺盛無比，只能趕緊喝青草茶加深呼吸，然後摸摸鼻子搖搖頭，一點好處都沒有，難怪大家都不喜歡「輸」的感覺。

但奇怪的是，我們自己或周遭的人似乎很常遇到「輸」，然後把這種失敗看得很嚴重，動不動就想要一了百了。我說，別這麼傻，要是遇到失敗就輕易的做鬼，也是個失敗鬼，其他鬼會瞧不起你的，所以還是先好好的活著吧！

「贏」是一件很舒爽的事，所以大家都想贏。但從來沒有聽過人說喜歡「輸」，因為它代表負面價值，是「贏」的相反。

可是，沒有人每天都在過年，同樣的，沒有人可以一直贏下去，於是「輸」與「贏」便成為一體的兩面了。

不管有沒有練過跆拳道——我們都常看見一些年輕生命或名校高材生莫名奇妙從樓上掉下來，只因從第一名退步到第二名或以外不等，除了祝福安心上路，也實在愛莫能助。

　　彷彿社會版頭條是其生命最發光之時，接著便瞬間消逝──只是因為覺得自己不優秀了。如果優秀的定義只是第一名，那還是建議別為這可笑理由去爭取聖杯吧！因為你根本不懂更值得珍惜的是什麼。只會把剩下的問題留給家人，說自己有多委屈，沒有人會相信的。

　　很少學跆拳道的孩子會變壞或變「死小孩」，起碼輸過會想怎麼贏回來，而不是怎麼跳下去，因此我一直覺得，跆拳道之於眾生有個好處是，它將勝利與失敗具體化，接受眾人的掌聲或赤裸裸的嘗到失敗的滋味，並且再思檢討。

　　考試就算沒有第一名，只要前十名，人家都還覺得不錯啦，可是，競賽具有排他性[9]，大家都在爭前三名或第一名而已，此外的意義並不大。賽場上有贏有輸，有酸有甜，可以讓嘗到一點濃縮的人生滋味。不管勝負，都要向對手低下頭敬禮，謝謝對方的指教，這樣對人生的影響是大的。

▲查查看，說說看，寫下來：跆拳道運動中，有一種特殊的項目稱作型（即品勢）。什麼是「型」？

沒有輸過的人，不是真正的贏家

　　相信不少人在升學的時光裡覺得很灰暗，我也曾一度

9　排他性：排斥他者而無法兼容的一種性質。此處是說明比賽中不可能有人同時是贏家又是輸家，一定會是二擇一，只要沒有獲得勝利就是失敗。

認爲：「每個人都考得比我好，連笑容都比我燦爛——太沒天理了，我應該是個失敗的人吧！」其實走過後，再回頭一想，當時認爲的失敗，其實只是不快樂，好吧，我承認有時候是很不快樂，但就這樣而已。平心而論，我並沒有損失什麼，家人依然愛我——我只要想辦法處理好自己就行——想要念書也無後顧之憂，甚至偶爾可以有閒錢吃吃喝喝。誰都不虧欠我——幹麻這樣看世界？於是，我得到一個很重要的結論就是：「如果你越看自己不爽，實際上你也不會過得太好，因爲沒有任何善待自己的動力，會過得好才怪。」

我不是鼓勵大家要自我感覺良好，但用什麼態度看自己，事實上，就會讓自己照此大方向發展。取法乎上，得乎其中，以一百分爲目標，可能都還有個九十幾；覺得自己就是一路到底了，要更好就有點難。

許多體保[10]或非體保選手可能在整個競賽生涯，沒有得過一次金牌或前三名，而覺得沒什麼面子好說的。第一名的選手固然有他的榮耀，可是其他的選手得到了更珍貴的經驗，告訴自己：「我可以輸這麼多次還繼續努力，應該更值得驕傲。」這種「吞敗」，被激發的鬥志，是下次贏回的動力。

比賽只是一時的，在現實中有更多不順等著隨時和你打招呼，有遺憾，才想彌補。失敗可以再崛起而人生不能重來，好好活著，不要當失敗鬼。生命無價，不要讓自己活得太廉價。

---

10 體保：體育保送生的簡稱。

有輸過沒怕過——不敗的精神

「沒有永遠的贏家與輸家」的道理告訴我們，永遠要懂得接受勝利與失敗，將兩者同等對待，高興或傷心，各兩天就夠了，人生不會永遠停在那個時刻，不管你是開心或難過，照樣要前進。

競技運動有排他性，「冠軍年年有，憑什麼不是我」，誰都想當第一名，選手在過程中所付出的心力與汗水，非外界可以想像，在假定裁判公正之下，比賽結果揭曉，不管差距大或小，輸贏就此分明了。這時候，你會想什麼？

日本有匹很有名的賽馬，名叫「春麗」，牠遠近馳名不是因為戰績彪炳，而是因為屢戰屢敗，出道以來從沒贏過——但牠跟牠的騎師依然繼續參賽，這樣的精神感動了日本群眾，成為全日本的明星。因為牠代表的是一種「不敗精神」，許多馬迷明知如此，還是很有人情味的下注賭春麗會贏，雖然結果還是輸，但大家欣賞的是牠屢敗屢戰，始終全力以赴的拚勁。失敗始終圍繞著人的一生，但是看到賽馬春麗，心中向前的希望彷彿又被重新燃起了。

對於跆拳道選手來說，輸的時候大概都比贏的時候多，可是絕對不會有人因此崩潰。道理很簡單，訓練過程的厚重壓力，上場比賽的全力拚搏，早已超越了輸贏的意義。

比賽結束後，雙方要鞠躬、握手，並去向對方教練致敬，要求下臺的身影優雅，這樣的規則將「收」與「放」之間具體化。一個好的選手，必定是個懂禮貌的人，他有兩副面孔，上場是戰神，下場是好青年。而且要夠悍，才能夠面對排山倒海的挑戰；要夠克制，才能夠面對勝利與

失敗，這樣的人，又怎麼會因為一時的輸贏而計較？

　　記得朱木炎在雅典奧運奪金前的釜山亞運，以微小差距下拱手讓出冠軍給韓國選手，大家馬上直指裁判不公，但朱木炎賽後表示：「因為差一點而輸，表示贏得不夠多，才有模糊的空間，會更努力練習讓下次比賽贏更多回來。」

　　宋玉麒在二○○八年北京奧運的世界區資格賽飲恨，卻在亞洲區資格賽擊敗泰國選手奪得門票，傷痕累累，最後一戰的強敵讓他左膝十字韌帶和右手掌骨都斷裂，由父親宋景宏教練背下賽場，畫面令人動容。

　　面對逆境會直接呈現出一個人的格局。不管是否為比賽，多少人在面對失敗時，並未具有這樣的態度。第一名只有一位，或許第二名永遠只能看著第一名的背影，但朱木炎的話至今仍記憶匪淺。名次與紀錄永遠是過去式，但正確信念卻可以存留如新。

　　成功取決於態度，同時格局也決定結局，人生不是只有爭一時。讓我們一起在失敗學裡學失敗。會輸是因為贏得不夠多，這次讓一點給別人贏，起碼努力挑戰過，就值得了。

　　放下不是放棄，這次輸了一點，下次贏更多回來。

四、運動小教室

　　跆拳道以「以禮始，以禮終」為宗旨，所以在比賽時常會看到選手一直在敬禮鞠躬：

　　比賽開始前，遵從主審口令，向陪審席行標準禮；再依主審口令，向對手敬禮。比賽結束後，遵從主審口令，向對手敬禮；再依主審口令，向監督官行標準禮。最後，主動向長輩、教練、老師、隊友鞠躬行禮。

　　許多比賽都屬於個人式，哪來的隊友呢？隊友包括陪伴練習者。或許在比賽現場當下只有你一個人單打獨鬥，但是在這一切的背後，你會發現你不是個人而是團隊。感謝隊友的互相團結、幫助等，透過具體的行動來表現內心的感謝。跆拳道讓所有參與者養成發自內心的行禮習慣，以養成恭敬謙虛、友好忍讓的態度和互相學習的作風。

五、賞析

　　人的每一天都在面對許多勝負，在打電玩時的輸贏、大考時的成績單或名次等等，面對失敗我們總說「沒關係，下次加油就好」，然而沒有人去肯定「失敗」存在的必要性。「屢戰屢敗」和「屢敗屢戰」包含的情感是不同的，前者是表示結果每次都是失敗，而後者卻是肯定不論結果的「奮戰精神」。太在意結果、得失心太重，反而會影響自己表現，進而一旦失敗就會感覺全世界毀滅，但是實際上沒那麼嚴重，太陽依然會升起，日子一樣會過。「有輸過，沒怕過」我想是我們面對失敗的態度，不害怕失敗的結果反而可以讓自己走的更遠更穩健。

　　本文的寫法看似條列，結構看似鬆散，但是眉目清晰，說理清楚。作者主要透過跆拳道的比賽來談「不畏失敗」的精神。寫法雖然簡單，只單純運用「引用」以及「譬喻」，反而使概念更單一清楚。

　　大量引用跆拳道選手對於失敗的感想之言來強化增加說服力，藉以證明：不是只有我這樣說，其他偉大的選手也如是說。而為了更貼近讀者生活，作者運用許多生活例子讓概念更為「平凡」，今天並非要談一個高深莫測的概念，而是生活每天我們都會碰到的。從口香糖到日本春麗馬匹的故事，都互相與生活呼應。

　　譬喻的運用則使得行文更加巧妙，例如口香糖部分。口香糖作用是拿來使口腔芬芳，並非果腹用，所以吞進去是無益的，而是口香糖作用一旦達到，就該馬上丟棄。這也如同我們看待失敗的態度，知道失敗的滋味、知道怎麼失敗的，那麼下次不要再犯，這就是失敗存在的意義。善用譬喻，譬喻的喻解會讓文章更加精巧。

◎溫故知新：譬喻又稱為比喻，利用二件事物的相似點，用彼方來
　說明此方，通常是以易知說明難知，以具體說明抽象。什麼是「喻
　體」？什麼是「喻依」？

（蘇于庭　編撰）

六、寫作小教室

　　本文中出現許多譬喻句法讓人會心一笑，例如：「失敗就像口香糖，嚼一嚼再吐出來就行，硬是要吞到肚子裡，就對身體不好。」口香糖不能吞到肚子內，有害身體。就如同不必一直苦吞失敗一樣，那樣的情緒也會有害身心健康。善用譬喻會讓文章更平易近人且富有趣味。

　　練習說明：以下圖案有一個中心物，請依照中心物的意義對應外圍的聯想詞，完成八句造句。

示範：

句子一：失敗就像口香糖，嚼一嚼再吐出來就行，硬是要吞到肚子裡，就對身體不好。

句子二：失敗像是潤滑劑，他會幫助我邁向成功。（改自黃志雄句子）

句子三：失敗像是繩子，可以幫助我們往上攀爬，也可能成為束縛我們的工具。

句子四：失敗很像流沙，常常讓我們陷落而走不出來。

句子五：失敗像路上的小石頭，可能會絆倒我們，但也會成為我們的墊腳石。

句子六：失敗像肥料，要累積肥料植物才可能茁壯而結出成功的果實。

句子七：失敗就像一面鏡子，將你我照得透徹更認識自己。

句子八：失敗如繭，我們容易將自己困住，然總有一天我們可以破蛹而出。

練習：

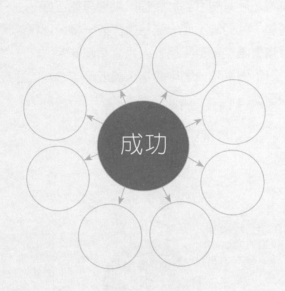

句子一：

句子二：

句子三：

句子四：

句子五：

句子六：

句子七：

句子八：

七、檢索與思考

(一) 請檢索在本文中，用了哪些例子來談不敗的精神？

(二) 在標題「失敗就像口香糖」的內容部分，一開始就運用大量的名人面對失敗的言論，請問這樣寫有何作用？

(三) 本文各標題都有一個小主題，請找出各段「如何」呼應該標題的主題，並畫出架構表，說明這樣寫有何作用？

走上國手之路

蘇麗文

一、導讀

　　本文選自蘇麗文《打不倒的孩子》。作者記錄自己學習跆拳道的點點滴滴，有美好光榮輝煌獲勝的時刻，也有不爲人知的訓練辛酸。相信這是所有運動選手都會必經的道路，讀起來應該會更能有感同身受。

　　幾乎所有的運動員都懷有成爲國手的夢想，然而這條道路並不好走。遇上對手擁有先決條件方面的優勢，難免會一時氣餒而想放棄。作者雖有身高的優勢，先天扁平足卻不適合讓她長期進行高強度的運動，特別是腳部動作特別多的跆拳道。然而作者憑藉著堅強的意志力、不怕苦的精神，總是相信自己，最終成爲國家代表隊選手。作者在 2008 年北京奧運跆拳道賽事中一戰成名：她因傷而在場上跌倒 11 次仍堅持比賽，最後不幸落敗。當地媒體以「最長的七分鐘，臺北跆拳道選手蘇麗文感動全場」的標題肯定這場比賽，也使作者「不怕輸」的精神更爲彰顯。

　　本文即表現出作者堅持不懈的精神，以及比賽時面臨體力及心理瀕臨崩潰的自我喊話。在爭取國手資格時，作者首戰就面對各大國際賽事經驗豐富的選手。強敵當前，自己的夢想也近在眼前，當然不願輕易放棄。然而在首戰不幸落敗後，作者必須背水一戰。那麼要如何處理當下的壓力、進行內心的自我調適？非選手的我們又能替這些選手做什麼事情呢？文中特別提到「周圍的加油聲」，或許在崩潰邊緣的選手此刻最需要的不是下場跟休息，而是親朋好友的支持吶喊聲：堅定的支持會讓選手走得更久更遠更穩。

　　閱讀本文時，建議注意以下幾點：
㈠ 作者如何表現絕不輕言放棄的精神。
㈡ 如何善用成語和譬喻使文章更凝鍊豐富。

㈢ 學習調整比賽當下的心態，沉著穩重。

二、作者介紹

　　蘇麗文（1980-），臺灣跆拳道國手，現已轉任教練。自幼體弱多病，小學開始練習跆拳道，曾自述是因 1988 年陳怡安獲漢城奧運金牌的影響所致。從 1998 年贏得全國中正盃第五量級金牌之後，即活躍於國內外各項賽事。退休前的著名一戰為 2008 年北京奧運獲得女子組第一量級跆拳道第四名。著作有《打不倒的孩子》。

三、正文與註釋

　　一九九九年，是我選手生涯中很重要的一年。那一年，我十九歲，第一次入選國手，代表國家參加國際賽會，朝著自己的奧運金牌夢想更進一步。

　　要參加跆拳道國家代表隊的選手選拔，必須曾經在全國正式比賽中拿過前三名的成績。我在一九九八年得到全國中正盃跆拳道金牌，正是讓我取得國手選拔賽的門票。

　　第一次參加選拔賽，心裡又興奮又緊張，練了這麼多年的跆拳道，等的就是這一刻啊。不知天高地厚的我，完全不曉得即將要面對的比賽會是如此激烈、如此刻骨銘心。

　　那場比賽應該是我所經歷過最艱辛的比賽之一，因為參賽人數眾多，且是採雙敗淘汰賽制，也就是任何一個選手只要輸兩場就會遭到淘汰。我的籤運不太好，第一場比賽就遇到最敬畏的金牌選手許芷菱[1]學姊，她有許多大型

1　許芷菱：高中時期即為跆拳道國手，曾獲1995年馬尼拉世錦賽獲得銀牌，2000年雪梨奧運後退休，目前在基隆高中服務。曾為2018年的世界跆拳道品勢錦標賽中自由品勢的教練，榮獲佳績。

國際比賽的經驗，成績都是在前三名，更是一九九七年釜山東亞運、一九九八年曼谷亞運跆拳道金牌得主，光看到她一七八公分的傲人身高[2]，就讓我又愛又恨了。

一個是經驗豐富、實力深厚的國手，一個是第一次參加選拔、名不見經傳的菜鳥，誰會贏？賽前預測幾乎是一面倒，認為我會戰敗，而我也「不負眾望」，第一場比賽即落入敗部。

接下來，如果我想要贏得一九九九年世界跆拳道錦標賽國手資格的話，我就必須在一天之內打敗十一位對手。十一位哪！

那真是漫長的一日，從早上九點打到晚上九點，一場接著一場的戰鬥，永無止盡似的，我幾乎沒有時間可以坐下來好好的喘一口氣。我已經輸掉一場比賽，再輸一場就要被淘汰，所以每一場比賽對我都非常重要，不管對手是強是弱，我都不允許自己有任何一點輕忽。

結束前三場的比賽後，我已經傷痕累累，手腳隱隱發痛。之後的賽事更是完全靠意志力支撐；倔強的我不願臣服[3]於任何人的腳下，所以在心底吶喊著：我想贏！我要當國手！我不要輸！

那一天是如何度過的？我已經無法回想，只知道在打完最後一場比賽，確定進入勝敗部的冠軍對抗賽時，我整個人都快虛脫[4]了。

不出所料，我是敗部冠軍，而勝部冠軍就是第一場

2　一七八公分的傲人身高：身材較高的人往往手、腿也會較長，在跆拳道比賽中容易取得優勢，所以此處特別提到身高。作者身高則是171公分。
3　臣服：指低頭認輸的意思。
4　虛脫：形容體力衰疲的狀態。

比賽中將我打敗的常勝軍許芷菱學姊。若我想要翻身奪魁[5]、敗部復活，就必須連勝她兩場，才能奪得這次的國手資格。

　　情勢對我很不利，經過十一場苦戰的我，手腳都受傷了，痛得發抖，在這種情況下，迎戰強敵，贏的機會微乎其微[6]，但不是完全沒有！只要我上場，就有希望，哪怕是極微小的希望，也值得我用生命去拚搏。我咬緊牙根，用急救貼布層層緊裹受傷部位，抱著必死的決心，決定要放手一博；我不害怕失敗，更不疼惜自己所受的傷，我要證明自己有實力為國家爭取榮譽，我要用意志力創造比賽的優勢。

　　上場的瞬間，我把疼痛遺忘了；現在我的眼裡只剩下對手，我的耳朵只聽到自己的心跳聲，拳腳反射性的揮舞著每一個在平日訓練中扎扎實實完成的動作，直到時間終了的鳴笛聲響起。此時此刻，不知該用痛快來形容，還是精疲力竭[7]。我的臉上露出笑容，不是因為預感自己會贏得勝利，而是為自己做出了最好的表現、打了一場漂亮的仗而開心。

　　時間彷彿靜止了，全場異常安靜的等待裁判公布比賽結果。接著，場邊突然爆開一陣歡呼聲，我感覺左手被裁判先生高高的舉起，我這才恢復意識，我真的獲勝了！我贏了！

　　我正想也為自己歡呼一聲，就聽到教練嚴厲的聲音，把我從勝利的美夢中喚醒：「還不到高興的時候，這只是

5　奪魁：得到冠軍，指獲得優勝的意思。魁，音ㄎㄨㄟ／，首位之人。
6　微乎其微：指非常小、機率不高的意思。
7　精疲力竭：精神困乏，力氣用盡，形容極為疲累的意思。

個開始，下一場才是你最終的決賽！」對喔，我必須要連勝兩場才算獲勝，才剛打完一場而已。

剛剛實在高興得太早了，身體倏地放鬆下來後，變得異常沉重，就像被銬上了重重的枷鎖[8]，又像是被綁著一顆鉛球，似乎無法移動了。眼看中場休息時間就要結束，我的腦袋還是一片空白，憂慮著不知該如何應戰。

就在這個時候，我聽見有人大叫我的名字：「蘇麗文！蘇麗文！」

我回頭一看，原來是最支持我的朋友，他們眼中閃爍著對我的期待和鼓勵，用力的喊出「加油！蘇麗文，加油！」朋友的加油聲為疲倦的身體注入力量，為了不讓他們失望，我的熱血又再度沸騰了起來。

再一次，我在傷處裹上一層更扎實的貼布，我告訴自己：「我的勝利不是僥倖，第二場我一樣能將她擊敗，我只需要把我最好的自己表現出來。」

「我一直相信你是最好的。」上場前，教練拍拍我的肩膀，對我說。

「我也相信。」我對自己說。

第二場的挑戰出乎意料的順利，比賽終了，我的左手又被高高舉起，這一次我還是忘了歡呼，因為連自己都不敢相信，像我這樣一個無名小卒[9]可以擊敗亞運金牌選手。

我低頭看著手上緊纏的貼布，心想，原來勝利就是做好自己，相信自己，不論再艱難的條件，只要不放棄，就

8　枷鎖：指被束縛的意思。枷，音ㄐㄧㄚ，套在犯人脖子上的刑具。
9　無名小卒：指沒有名氣的普通人物。

有希望。痛苦算什麼？在這一刻，都值得了。

▲查查看，說說看，寫下來：2008 年北京奧運跆拳道銅牌決戰現
　場，蘇麗文是哪裡受傷？整場比賽的情況如何？

四、運動小常識

　　目前跆拳道有以下幾種賽制：單敗淘汰制、雙敗淘汰制、瑞士制、
循環賽。文中所提到的雙敗淘汰制無須額外進行其他排位賽，就能確定
第三、四名，可以減少優秀選手因為籤運不佳，而導致最終名次低於實
力較為不好的選手。例如本文中出現蘇麗文第一次對戰的對手就是金牌
得主，雖馬上苦吞一敗，但仍可在敗部中努力重新，最終獲得國手出賽
權。然雙敗淘汰制會因為參賽者的多寡而影響淘汰機率，例如參賽者要
失敗兩場才會被淘汰，基本比賽至少需要 $2 \times N - 1$ 或者 $2 \times N - 2$（如果
勝者組第一名從未出現敗績的話）才能出現冠軍。所以長時間比賽對參
賽者是體力上以及意志力上的考驗。

五、賞析

　　簡良達〈有輸過沒怕過──人生失敗學〉與本文都不約而同提到
「不怕失敗」，前文是以失敗後自我調適為主，而後者是正面面對戰場
的當下。比賽當下總會壓力山大，因為總會想到自己平常的努力，為的
就是這一刻。然而不確定是否能如常發揮？於是，平常熱血沸騰，在當
下就會恐懼還沒發生的失敗。所以有些人在大考時容易出差錯，因為無
法扛住當下的壓力。在本文中，蘇麗文並沒有其他方法來解決壓力，只
是靠著意志力以及相信自己。「我要用意志力創造比賽的優勢。」此句
是蘇麗文霸氣的宣言，即便處於逆風仍要努力扭轉劣勢。讀者未來若遇
到這樣的時刻，不妨也試著告訴自己：自己是最棒的！

　　全文架構以自己成為國手當日的紀錄為主，雖是回憶然文章按照時間順序描述，使得文章流暢通順。文章的筆法先抑後揚，開低走高：一開始就與國際賽事常勝軍對戰，於是馬上就進入到敗部復活；最後歷盡千辛萬苦、峰迴路轉之下，順利成為敗部復活冠軍。但是身體疲累的考驗接踵而來，畢竟一整天下來，體力絕對是到了盡頭，而且每一場都必須謹慎面對，如履薄冰。在心力交瘁的狀態下，更能襯托出蘇麗文的意志驚人。

　　本文並無使用深難字詞，淺顯易懂。在描述上有可愛之處，例如最開始的「不負眾望」的雙關。不負眾望是正面用詞，代表眾望所歸；此處卻是不負眾望的「輸了」，足見作者自我調侃的態度。又作者運用許多成語都恰到好處，如「微乎其微」、「放手一博」等，能適當地讓語氣更加凝鍊，也是值得學習的部分。

◎溫故知新：什麼叫做「雙關語」？現代生活中常見的運用場合有哪些？

（蘇于庭　編撰）

請沿虛線剪下

六、寫作小教室

「剛剛實在高興得太早了，身體倏地放鬆下來後，變得異常沉重，就像被銬上了重重的枷鎖，又像是被綁著一顆鉛球，似乎無法移動了。眼看中場休息時間就要結束，我的腦袋還是一片空白，憂慮著不知該如何應戰。」

蘇麗文用「枷鎖」、「鉛球」比喻自己身體疲累跟沉重，使文章更具體也更能感同身受。你會如何描寫以下狀況的你呢？（每例題約 100 字）

㈠ 比賽時候的你：

㈡ 心情輕鬆的你：

㈢ 與暗戀的人相處的你：

㈣ 睡不飽的你：

七、檢索與思考

㈠ 在本文中，蘇麗文順利進入敗部復活成為冠軍，在取得國手資格的那一天那一刻，依照賽事規定請問蘇麗文當天總共進行了幾場比賽？

㈡ 蘇麗文贏了許芷菱第一場後，發現自己還要再贏一次，才是真正的獲勝時，她用了什麼譬喻自己的狀態？而這樣形容有何感受？

㈢ 體育選手帶著傷上戰場似乎是常態，然這必要嗎？提供以下幾則故事，如果你是以下三則故事中的主角，你碰到下列狀況比賽受傷，你是否會贊成繼續比賽呢？為什麼。

陳彥博（臺灣）

極地馬拉松運動員陳彥博在義大利 TDG（Tor des Geants）巨人之旅的越野競賽時，左膝韌帶撕裂傷、腳掌水泡與血泡交疊、免疫力嚴重失調，加上比賽環境險峻、過程中經歷暴風雪及失溫，生理上幾乎難以負荷。然最後憑藉強大的意志力，咬緊牙根完成這項只有 4 成 8 的通過率的賽事。

戴資穎（臺灣）

世界球后戴資穎在世大運結束後前往南韓比賽時，因手部及肩膀舊傷復發，16 強止步；而後在參加日本羽球公開賽時，因肩傷尚未痊癒，幾經考慮後退賽。休養後於丹麥公開賽復出，取得丹麥公開賽女子單打冠軍。

飯田伶（日本）

2018 年 10 月 21 日，在日本舉辦了第 4 屆全日本實業團「Princess 驛接力 in 宗像・福津」的女子大隊接力比賽。在比賽的過程中，隸屬岩谷實業公司的 19 歲選手飯田怜意外跌倒，讓她的右脛骨骨折，在最後的 300 公尺用爬行方式完成比賽，交棒給下一隊友。

網球

Tennis

相傳源自於十四世紀法國宮廷貴族之間流行的「掌球戲」（Handball），其後經過發展和改良至現今網球的樣貌。十八世紀歐洲民間開始出現網球，並於十九世紀逐漸盛行。1873 年在英國出現的「草地網球」，據信是現代網球的起源。

1913 年　國際網球總會（ITF）成立。

1924 年　國際網球總會頒布國際網球規則。

1987 年　王思婷贏得亞洲青少年組網球錦標賽女子單打冠軍。臺灣女子網球開始在國際網壇嶄露頭角。

1988 年　德國女選手施特菲・葛拉芙（Stefanie Steffi Maria Graf）奪得「年度金滿貫」，是世界網球史上第一人。

1989 年　美籍華裔張德培獲法網男子單打冠軍，成為網球史上最年輕和唯一亞裔的大滿貫男單冠軍，單打最高世界排名第二。

2008 年　臺灣楊宗樺在年終青少年組世界排名第一，獲國際網球總會頒發青少年組男子單打總冠軍殊榮。

2013 年　臺灣謝淑薇奪得溫布頓網球錦標賽女子雙打冠軍，為臺灣第一位大滿貫得主。同年奪得 WTA 年終總決賽女子雙打冠軍，為亞洲選手首度獲得冠軍。

2014 年　臺灣謝淑薇獲法網女子雙打冠軍。同年，謝淑薇登上女子雙打世界排名第一，是臺灣首位登上世界排名第一的網球選手。

2017 年　臺灣詹詠然與瑞士辛吉絲搭檔獲選 WTA 年度最佳雙打組合，並登上女子雙打世界排名第一。

神聖與世俗

詹偉雄

一、導讀

　　本文選自於《球手之美學》。網球是四大貴族運動（高爾夫球、撞球、保齡球）之一，網球運動源自法國發展於英國，能體現歐洲的貴族風範和紳士風度。歐洲古代貴族精神有所謂乾淨、優雅，並且有尊嚴地活著的說法。從網球比賽的小細節即可應證。網球比賽十分注重禮節：比賽進行時，其他人不能中途進場干擾；比賽中途碰到精彩的進球，觀眾可以有節制地鼓掌，以示讚譽；雙方在打球時也要保持安靜，要溝通得走到網前小聲商量。總之，優雅而禮貌是最基本的要求。網壇除了重視球員的技術，更講究球員的儀態、穿著及禮儀等貴族式的期許。

　　大畫家畢卡索（Pablo Ruiz Picasso, 1881-1973）說：「母親曾對我說你如果從軍，會是個將軍；如果出家，會是教宗。」又說：「我選了繪畫這一行，就成了畢卡索。」畢卡索由自己的才能選擇了一條成就之路，於是畢卡索成了自己的畫風專用詞。本文中，作者也將「山普拉斯」由人名變成一種技能表現的專詞。這種寫法是向山普拉斯致敬，那麼對於讓山普拉斯顯得遜色的費德勒，又該如何表示敬意呢？作者形容費德勒「像個神」。本文以「神聖」為題，全篇各種「宗教」名詞入文，強調費德勒在球場上讓球迷瞠目結舌的表現，更極盡對比之能事，既以山普拉斯、費瑞羅、休伊特等赫赫有名的網球手襯托出費德勒的不同凡響，也以棒球及樂壇等不同領域的高手對襯出費德勒的卓然不群。

　　在運動競技中，除了冠軍及獎金之外，一旦已是冠軍常勝軍，還可以追求的成就是什麼？日本以職人（Shokunin）敬稱透過自己熟練的技術與雙手打造作品的專家；近年網路上稱各個領域表現令人瞠目結舌的人物為「神人」。作者於本篇中，以「網球界的上帝」向費德勒致敬，也是以「神人」讚歎的一種說法。本文發表於 2005 年，文中費德勒是

初出茅蘆的陽光少年；2019年，費德勒仍在競技舞臺上追求人生第九冠。學無止境，成就亦然。

　　閱讀本文時，建議注意以下幾點：

㈠ 了解作者以宗教意象入文的動機以及達成的效應。

㈡ 學習運用引用手法來增強個人論點的技巧。

㈢ 體會現實人生中勝利與災難總會相次現身，懂得平常心接受挫折，也透過欣賞他人的成就提昇自我。

二、作者介紹

　　詹偉雄（1961- ），國立臺灣大學圖書館學系、新聞研究所畢業。曾參與博客來網路書店以及《數位時代》雜誌、《Shopping Design》設計生活雜誌、《Soul》運動生活誌、《Gigs》搖滾生活誌、《短篇小說》雙月刊等多種刊物的創辦、發行與經營管理。著作有《e呼吸》、《美學的經濟》、《球手之美學》、《風格的技術》等。

三、正文與注釋

　　一九二三年，角逐首相失利的英國外交大臣George Curzon，送給溫布敦球場[1]一塊橫幅匾額，上書詩人吉普齡（Rudyard Kipling）著名詩作〈如果〉中的兩句：「如果你能同時遇上勝利與災難，而且能將此兩騙子等而視之！」八十二年來，這橫幅就懸在中央球場的入口，深深震懾那即將跨入冠軍賽的兩位球手，即使球王山普拉斯[2]也對它擠不出一絲笑容。

1　溫布敦球場：Wimbledon Stadium，英國倫敦地區最著名的網球球場。1877年，溫布頓網球錦標賽（The Championships, Wimbledon）在此球場舉行，是現代網球史上的第一場比賽。迄今，該項賽事仍持續舉辦，屬於「大滿貫系列賽」之一。

2　山普拉斯：Petros Pete Sampras（1971- ），美國體育史上網球最佳運動員，曾被譽稱為「桑神」，曾連續八年七次奪下溫網男單冠軍；而且他也是美國網球公開賽史上最年輕的單打冠軍及五冠王。

　　中央球場上的碧綠黑麥草，吸足一整年的陽光和雨水，只爲襯托那美麗又殘酷的兩場午後週末冠軍戰──只要是世俗中人，誰能耐得了這壓力。一九九三年捷克女球手Novotna先盛後衰敗給葛拉芙[3]，哭倒在肯特公爵夫人肩上的場景，至今電視機上的淚痕都仍未乾⋯⋯。

　　但今年，你不得不說：吉普齡的恫嚇[4]遇到了人間最強大的對手──瑞士陽光少年費德勒（Roger Federer）[5]。連三盤清檯[6]強力發球手羅迪克，費德勒今年三連莊溫布敦男單冠軍，也寫下草地球場36連勝與破紀錄的ATP冠軍戰21連勝。但戰績還是其次，吉普齡與Curzon始料未及的是：哇考[7]──他贏得居然如此優雅，如此理所當然，如此地「不山普拉斯」！

　　遺傳著地中海貧血症的山普拉斯，自幼便知體能的弱點，練就出犀利的發球與幻妙上網截擊藝術，快速取分，因他洞悉在底線的來回抽拉中，上帝決不站在他這邊。但對費德勒來說，他並不需要上帝，因爲他已經是上帝，

3　葛拉芙：Stefanie Steffi Maria Graf（1969-），德國體育史上的女子網球傳奇，1988年創下世界網球運動史上至今唯一的年度金滿貫（Calendar Year Golden Slam），即同一年裡囊括四大滿貫賽事冠軍和奧運會網球項目金牌。

4　恫嚇：恐嚇。恫，音ㄉㄨㄥˋ。

5　費德勒：Roger Federer（1981-），瑞士籍職業男子網球運動員。截至2019年，費德勒總共贏得20座大滿貫冠軍，單打世界排名第一累計310周，以上都是男子網壇的最高紀錄。2018年斯圖加特網球賽闖入決賽後，費德勒第六度登頂，改寫最年長世界第一的紀錄。（當年37歲），費德勒與同時代的另一位選手納達爾之間的較量留下許多經典比賽，加之隨後的喬科維奇，三人所引領的時代常被認爲是網球史上的黃金年代。他們三人被大眾介譽爲網球三巨頭，他們一共取得54個大滿貫冠軍，這歷史紀錄仍在不斷被刷新。而2019年7月溫布敦公開賽，費德勒先淘汰了納達爾，對上喬科維奇時，則由年輕六歲的喬科維奇獲勝，該場賽事被號稱爲史詩級。

6　清檯：撞球運動術語。以母球逐一將撞球檯上的球全部打入球袋中，清空檯面。此指直落三獲勝。

7　哇考：口頭感嘆語的狀聲寫法，通常被認爲是較爲不雅的語詞。也作哇靠、我靠。

My God！──在網球場上的每個角落，他都可以射出快慢皆宜的神準彈道，晃蕩掉對手的比賽節奏，正因這種掌控全局的「聖者」能力，對手剎時成爲平庸之「俗人」，他的比賽因此不再是比賽，而是「神聖」向「世俗」的展演──電視機上沒有淚光，只有「聖顯」[8]。

　　面對法網冠軍費瑞羅，他的正手和反手大對角抽拉，讓這位前「紅土之王」疲於奔命；收拾兩度世界第一的休伊特，他連續地反手拍深沉切球後，忽地換正手拍快速提拉，硬是讓腳程世界首快的小休跑不出任一個盤末點[9]；週末冠軍夜，你我都看到了，羅迪克的加農炮式發球，他送往迎來如沐春風，而那幾只曼妙的弧形穿越球出手和落點，怕只有四屆賽揚獎[10]巨投Maddux盛年之際可扔得出同等準度；他的正手拍落點極深，側身inside-out打法噴出更猶如「天啓」[11]，單反手拍快速平推，或是下切快速奔來的球兒，讓對手宛若置身魔法指揮大師Stokowski的費城樂團排演席──你僅能臣服與聆聽、順從或懊惱。

　　在美麗與殘酷的溫布敦中央球場，能發出燦爛微笑、不覺有人間壓力、像走進自助餐館般自在地抱走冠軍盃的，史上只有費德勒。置身七月第一個週末的中央球場，你面對的可不只是眼前的白衣球手，還有歷任冠軍由天而

8　聖顯：指「神聖」藉由世俗之人事物向外在展現出不同於本質的現象。原文hierophanies。該詞由羅馬尼亞宗教學者米爾恰（Mircea Eliade, 1907-1986）在專著《神聖與世俗》中提出，即本文末段那段文字的出處。

9　盤末點：指離贏得一盤比賽只差一分的時候。又稱為盤點，為網球專有用詞「Set point」的中譯。

10　賽揚獎：Cy Young Award，美國職棒大聯盟為紀念棒球名人堂投手賽‧揚（Denton True Young, 1867-1955），每年頒給投手的榮耀獎項。賽揚是暱稱。

11　天啓：出自於《聖經》，原指世界末日，毀天滅地之意。作者用以指該動作帶來驚天動地的啓示。

降的「影響的焦慮」，誠如法國詩人Marlaux所說：「每一個年輕人的心都是一塊墓地，上邊銘刻著一千位藝術家的姓名。但其中有正式戶口的，僅僅是少數強而有力的，而且往往是水火不相容的鬼魂。」費德勒是如何克服山普拉斯的陰影，那始終糾纏著阿格西、張德培和庫瑞爾的鬼魅？

　　讀過至少五十篇小費的訪談和半傳記，我找不到答案，忽地羅馬尼亞宗教學家Eliade在他那本《神聖與世俗》一書中的句子晃過心頭：「『神聖經驗』呈現自己就像個『全然它者』，他不像是人類或宇宙中的任何一個；與之相對的，人感受到他的深玄（profound nothingness），感覺到自己就是一個『受造者』[12]，或者，以亞伯拉罕面對上帝時所用的話來說：『只是塵埃灰土』[13]。」

　　是啊，我們真只是塵埃灰土啊……。

▲查查看，說說看，寫下來：世界職業網壇有四項歷史悠久的經典賽事，被稱為「大滿貫系列賽」。其名稱、舉辦地點、球場特質分別是什麼？

---

[12] 受造者：出自於《聖經》，原指上帝所創造出來的世間萬物。作者於此再次強調費德羅有如創造者，而一般人只是被神祇創造出來的「受造者」。

[13] 只是塵埃灰土：出自於《聖經》，在〈創世紀〉中提到耶和華用塵土造人。作者再一次強調一般人本質上只是塵埃灰土，既呼應全文強調費德羅有如上帝，也對比一般人的難以企及。

四、運動小常識

　　「網球肘」的醫學名稱為肱骨外上髁炎，據統計，在網球運動員和經常打網球的人群中，約有45%的人都受到過「網球肘」的困擾。其實，這種損傷並不局限於網球運動，桌球、羽毛球、壁球、高爾夫球和一些需要反覆單側用力的活動，都有可能導致網球肘。

　　有效的預防和避免網球肘的方法如下：

　　首先，加強手臂力量和柔韌性訓練，尤其是前臂伸肌的力量練習。常見的有伏地挺身、啞鈴彎舉等，還包括抓握網球的靜力練習和抵抗橡皮筋的手指伸展練習等都會產生效果。

　　其次，要學習正確技術。比如擊球的動作，讓大臂和小臂無論在後擺還是前揮的時候，都保持一個固定且具彈性的角度。再比如加強步法練習，可以搶占有利的擊球位置，便於上肢有效發力；整個身體協調的發力，徹底完成完整的擊球動作。

　　之後，像是使用護具保護，增強腕、肘部的支撐力，或在打球時於前臂肌腹處纏繞彈性繃帶，都能有效減少疼痛發生。

五、賞析

　　作者藉文章題目「神聖與世俗」點出文章主角在網壇上的表現，已臻神聖等級。全文先以網壇聖地——溫布敦球場（也是網球界最元老的競賽地點）入筆，以球場橫匾所書之詩句，指出在該地進行的賽局令人震懾。在該球場八十二年網球歷史，作者舉出男女知名球員為例，不論是球王山普拉斯擠不出一絲笑容，或是捷克女球手 Novotna 先盛後衰敗給葛拉芙的淚痕未乾，二者皆反襯瑞士陽光少年在這個球手易受恫嚇的土地，優雅贏球。於此，文章所指的「神聖」聚光燈，正式引出了費德勒這位主角。

　　接著，作者再以各個知名的男球員山普拉斯、費瑞羅、休伊特為襯，直指費德勒在球場上的表現有如「聖顯」，再次以宗教用詞突顯費德勒的「神聖」地位。「正手和反手大對角抽拉」、「連續地反手拍深沉切球後，忽地換正手拍快速提拉」、「曼妙的弧形穿越球出手」、「單反手拍快速平推，或是下切快速奔來的球兒」，作者以費德勒各種

知名的球技凸顯賽事臨場感，然後在各屆冠軍的壓力之下，主角無絲毫焦慮，作者形容著「在美麗與殘酷的溫布敦中央球場，能發出燦爛微笑、不覺有人間壓力、像走進自助餐館般自在地抱走冠軍盃。」或許因此，作者才會聯想到《神聖與世俗》這本書，並於文末感歎自己只是塵埃灰土，藉此重新讚嘆了費德勒的「神聖」。

　　全文引用兩段詩句，以及一段引文。前者呼應了競賽的壓力，後者則彰顯「受造就者」在「神顯」時那種自慚形穢的情緒。每個運動員都應該有自己的神級典範，也應該有對自己運動生涯想要的成就。在作者書寫費德勒這位高深玄妙的神人級球手之時，塵埃灰土如你我，或許在心中刻記著這位強而有力的藝術家，更受其「點化」，有所突破，成就自我。

◎溫故知新：《孟子‧萬章下》：「伯夷，聖之清者也；伊尹，聖之任者也；柳下惠，聖之和者也；孔子，聖之時者也。孔子之謂集大成。」這段話應該如何解釋？

（范曉雯　編撰）

六、寫作小教室

　　文學，往往有「自文學中重生」的現象與特質。在西方文學中，希臘神話或莎翁的劇情總能在現代的作品改頭換面，對於情節或人物的原型進行改造。有時，引用也是另一種重生的模式。好的引用，既是用精鍊的文句代自己發言，也算是透過名人代言，增加自己的論點力度。

　　有些引用既有出處也用上下引號，這是很直接的明引，然而這樣也易落入「陳言套句」，如果活用呢？例如本文所引用的兩段詩句，以及一段引文，都為本文增色不少。或者例如詩人楊佳嫻在〈時間從理會我們的美好〉一詩中，改寫了「菩堤本無樹，明鏡亦非台，本來無一物，何處惹塵埃」的禪詩，她寫著：「菩提本無樹。你翻開我／還是拂下了一身的塵埃」，寫出愛戀的雙方無法放下的纏綿。

　　再例如蔡淇華在《寫作吧！破解創作天才的心智圖》書中的例句寫著：「在大考的永夜，我已熬過一輪又一輪的床前明月；我對知識的好奇，早已凍成地上的白霜」，這樣活用了李白的〈靜夜思〉不是具有另類的趣味嗎？

　　請自下列四則引文中，取其一寫作，若為明引，則文章必須有論點有論據（要加例證），文長 150 字以上。若能靈動活用，則字數不限。

㈠ 魯迅：哪裡有天才，我是把別人喝咖啡的工夫都用在了工作上了。

㈡ 龍應台：幸福就是，尋常人兒依舊。在晚餐的燈下，一樣的人坐在一樣的位子上，講一樣的話題。年少的仍舊嘰嘰喳喳談自己的學校，年老的仍舊嘮嘮叨叨談自己的假牙。廚房裡一樣傳來煎魚的香味，客廳裡一樣響著聒噪的電視新聞。

㈢ 杜甫：無邊落木蕭蕭下，不盡長江滾滾來

㈣ 蘇軾：莫聽穿林打葉聲，何妨吟嘯且徐行。

七、檢索與思考

㈠ 作者於文中提及幾位網球知名球員及其知名球技？請逐一檢索、整理。

㈡ 本文引用三段詩文，請重述其中一段詩文之內涵，並簡述個人的心得。

㈢ 全文可以看出費德勒在球場上具有優雅形象，眾所皆知山普拉斯習慣快速取分。當運動員投身運動競賽時，或多或少因其習慣或表現取得某些形象模組。如果是你，你希望自己最後被世人如何定義？請說明並分享。

國武術

Wushu Federation

國武術包括「國術」與「武術」，主要是以肢體或兵器來進行鍛鍊或競技。其起源甚早，是我國固有的一種健身、強身、防身的全民體育運動。「武術」也是國際體育賽事中的武藝運動之一。

1928 年　「中央國術館」在南京成立，將傳統武術正名為「國術」，並設立「中央國術館體育專科學校」。

1950 年　「中華民國國術進修會」在臺灣成立。2005 年將「國術」和「武術」兩種並稱為「國武術」，更名「中華民國國武術總會」迄今。

1978 年　成立「中華國術國際聯盟總會（ICKF）」（原中華國術世界促進會），推展國術國際化。

1996～2003 年　以「中華臺北武術總會（CTWF）」名稱加入「亞洲武術聯合會」、「國際武術聯合會」，為「亞奧會」承認的正式會員，開始參與國際武術相關活動和賽事。

1997 年　詹明樹獲釜山東亞運動會男子太極拳金牌。

1998 年　詹明樹獲曼谷亞運會男子太極拳金牌。

2009 年　彭偉群獲高雄世運會男子南棍南拳全能金牌。

2013 年　李汶容獲天津東亞運動會女子劍術槍術全能金牌。

2017、2019 年　賴柏瑋兩度獲世界武術錦標賽男子南棍金牌。

太極拳（節錄）

張輝誠

一、導讀

　　本文節選自 2004 年 4 月 17 日《中國時報・人間副刊》所載〈太極拳〉一文。全文敘述作者父親教授兒子學習家傳太極拳的過程。文中從作者小時候學拳開啓敘事，寫到父親過世。作者於父親葬禮之後，不由自主演示拳法，終而領悟張氏太極「身隨意轉，意動架成」的心法。一拳一拳行雲流水的招式，俱是對父親的思念。全文寫拳法，亦是寫人生，更是寫父子之間深濃感人的親情。

　　太極拳是中國傳統武術的一種，與形意拳、八卦掌並稱中國三大內家拳，拳法講究中定、放鬆、心靜、慢練，和外家拳明顯不同。其拳源自道教太極功夫，多以自衛爲主，講究後發制人，借力打力，慢、圓、柔之中內含「氣」、「勁」，柔中帶剛。透過作者的生花妙筆，讀者可以從本文中更形象地了解這個拳法的精妙，不論是作者父親遭受房東兒子攻擊，借力使力折斷對方手臂的情節；或是父親爲作者講述拳法精義，都將太極拳法的特質，展露無疑。此外，文中敘寫拳法的演示與心法原理中，多蘊含道家處世哲學，如作者父親所言太極拳精義：「可多姿多態，硬可爲冰、柔可似水、虛可成雲成霧，變化多端，來去自如。」正是莊子「逍遙遊」、「遊刃有餘」的人生觀。

　　近年來華人社會中，多把太極拳當作健身項目。中國舉辦了多屆全國性太極拳專項比賽；臺灣則有許多學習太極拳的群眾，它已成爲大眾化的體育活動。當我們演拳步樁時，不妨也想想拳法中蘊含的人生智慧。

　　閱讀本文時，建議注意以下幾點：

㈠ 運用對比烘托主題的寫作手法。

㈡ 學習以柔克剛、與世推移的處世態度。

㈢ 體認親情的珍貴並能夠及時行孝。

二、作者介紹

　　張輝誠（1973-），國立臺灣師範大學文學博士，曾任臺北市中山女高教師，現已辭職，全力推廣自創的「學思達教學法」。他也是當代著名散文作家，作品曾獲教育部文藝創作獎、臺灣文學獎、時報文學獎等獎項。著作有《離別賦》、《相忘於江湖》等散文作品；以及《學思達增能：張輝誠的創新教學心法》、《教室裡的對話練習：當學思達遇見薩提爾》等教學相關書籍。

三、正文與注釋

　　爸爸說：「這拳法是咱們張家老祖宗一路傳下來的，傳到你大陸上的爺爺，你爺爺再又傳給我，你要學不會，怎對得住張家列祖列宗？」於是，每天黃昏，我爸一回到家，便領著我迎著餘暉走出庄外，到田間的農路上打拳。

　　說打拳其實還不是蹲馬步¹，我打小蹲馬步蹲了幾年，蹲久了竟也蹲出一點心得。這馬步要蹲得久蹲得讓我爸說聲好，不外就是兩個小要訣，其一是股跨間須柔中帶勁，勁中夾柔；其二是腳板要如千鈞頂²，頂住全身。這怎麼說呢？剛開始大腿肌不是像汽水一樣畢波³起泡胡顫亂蹦嗎，可時間一久，抖顫的力道漸次減弱，轉而像波浪一樣在腿肌上運行，這時候只要一放鬆，全身便輕盈起來，一施力，股間就充滿勁道，這時候著力點便由大腿轉向腳底，由腳底支撐全身，由股跨負責發勁。

　　我蹲完馬步後，我爸這時候拍拍他的大腿和手臂，對著我說：「你要記住，這股肱⁴是人的兩大彈簧，所有的

1　蹲馬步：此處指太極拳的基本步法：兩腿分開，超過肩寬，採半蹲姿勢。
2　千鈞頂：一種起重工具，由槓桿、螺旋或液壓機構操作。也稱「千斤頂」。
3　畢波：形容氣泡或水泡冒出時聲音的擬聲詞。也作「嗶波」。
4　股肱：大腿與胳膊。肱，音ㄍㄨㄥ。

勁道都是從這裡發出。」然後站直身子說：「今天再教你一個新的樁法，叫仆步樁[5]。」我爸把五個手法身形串在一塊兒練，左右對稱各五個號令：一是側推掌下弓步；二是換手推掌單吊腳；三是轉身橫劈；四才是仆步正樁，單押腳側身下探；五是出掌。我爸演示過一回，要我依樣畫葫蘆[6]照著練，我做了幾回，他極不滿意，說：「身子骨這麼輕浮！」然後叫我跟著他一起走入還沒插秧的水稻田裡，把腳踩進爛泥巴裡頭，然後他在泥巴裡又演示一回仆步樁給我看。我一看當真傻眼，我爸在水稻田裡吊腳、轉身、下探，動作之乾淨俐落如履平地，一點都不為泥巴所黏滯，膝蓋以下雖沾泥帶水，動作卻行雲流水，讓人簡直不敢置信。輪到我了，才剛要起腳，哪知右腳陷得太深，拔不起來，拔了幾下才勉強拔起，推掌單吊腳，順勢正要轉身橫劈時，卻因動作太猛，下腳太遠，兩腳間距過大，一不小心，重心不穩，兩腳如繫桎梏，動彈不得，撲通一聲，一頭栽進泥水裡。好巧不巧，這時候我外婆正好出現在庄口[7]叫喚著：「阿榮仔[8]，轉來食飯喔！啊我耶金龜孫子呢？[9]」

　　算一算，我斷斷續續練仆步樁、蹲馬步的時間已經過了六年，但當真開始練太極拳還是等我爸從台南回來，用賺來的錢買了一間二樓透天樓房，從此父子倆有空閒聚在

5　仆步樁：把一條腿向左或右伸出，另一條腿為支撐下蹲壓腿的姿勢，是中國武術中的一種練功法。樁，音ㄓㄨㄤ。
6　依樣畫葫蘆：比喻一味模仿，毫無創見。此指跟著照做的意思。
7　庄口：即莊口。庄，莊的異體字。
8　阿榮仔：作者因本文是參加文學獎的作品，不能直接寫出自己的名字，而虛構的小名。
9　轉來食飯喔！啊我耶金龜孫子呢？：閩南語。即回家吃飯囉！我的寶貝孫子呢？

一塊兒，這才又重新入門。新買的二樓透天樓房，位於蔥仔寮[10]三公里外的褒忠街的街尾。搬進新家後，父親不再往台南工作，而是留在家裡讓人當師父僱請。這下子，我爸又要我練拳了。

這一天，天氣酷熱，父親在一旁覷著我練拳，忽然發出嘆息聲，搖著頭伸手阻止我，說：「停停停，練來練去，一身空架子，半點神氣也沒。」叫我下樓，隨他出門，朝家門前左邊一條農業小徑走去，最後停在一棟豬寮後面，這是一方池塘，池水碧綠。我爸衣服也沒脫，隨即縱身入池，要我也下去。我慢慢探腳下去，走到父親身旁，池水深及頸部。我爸比我還矮一點，池水在他的嘴唇邊流蕩著，父親開口說話：「看仔細了！」忽然霍地一聲，父親從水裡高舉雙手，開始演起太極拳，只見舉手投足之間，忽而水花四濺、忽然柔波輕漾、忽而拔跳出浪、忽而屈身破水，身形極其輕盈、神氣鼓蕩不已。收勢演完之後對我說：「這太極拳的精義，就在於要如水之流，趁虛而入，盈科後進，柔而化剛。又可多姿多態，硬可為冰、柔可似水、虛可成雲成霧，變化多端，來去自如。」然後他又舞動右手，漣漪[11]從手臂旁一圈一圈漾[12]出，說：「全身發勁，也要像水，手腳纏絲而動，剛開始是大動轉圈，大圈之中有小圈，圈圈相連，化小圈於無，也就是說要由大動化為小動，小動而不動，雖不動卻全身皆動，這樣才算真正入了太極拳的門了。」然後只見父親把手靜止在水中，卻不斷有漣漪產生，向外推送。

10　蔥仔寮：地名。位於雲林縣元長鄉。作者外公家的所在地。
11　漣漪：水面被激起的細微波紋。漣漪，音ㄌㄧㄢˊ一。
12　漾：水波搖動的樣子。漾，音一ㄤˋ。

　　後來我讀高中，有一天通車回家，遠遠望見賣房子給我們的房東兒子，正和父親大聲吵嚷著，房東兒子說：「這空地是我們家的，現在要闢作停車場，你種的這棵番石榴要砍掉！」父親火冒三丈說：「房契上明明註明這塊地是我的，怎麼？現在仗著你們人多，地又變成你們的了，啊？」一旁的房東和親戚們七嘴八舌叫嚷著：「這阿山仔[13]，真正番袟直[14]！」房東兒子那時剛從海軍陸戰隊退伍，全身黝黑精壯，肌肉結實，這時候又把脊骨挺直，看上去暴躁得不得了，瞪大著眼，厲聲道：「你是欠打乎？」我爸當時已經六十好幾，略顯老態，個頭又差人一大截，我一看情形不對，趕緊上前要拉父親一把，預防衝突擴大。誰料房東兒子右手已電閃揚起，直撲父親臉頰，眼看就要正中眉心。剎那間，父親側身微退半步，右手包住來拳，順勢後拖。房東兒子頓時前傾，手臂打直。父親左肩略一肘靠，劈叭一聲，房東兒子手臂應聲而斷，大哇一聲，倒在地上，趕忙用左手扶住右手臂，狀似十分痛苦。圍觀者見狀，趕緊把人扶了起來送走，回途中沿路還不斷漫天叫罵詛咒著。

　　就在我差不多認定這輩子功夫再怎麼努力，也不可能超越父親的時候，父親卻被突如其來的幾個敵手攻擊得毫無招架之力，潰不成軍。這回遭遇的對手，個個來頭不小，招招凌厲凶狠，盡取要害而攻之。譬如說，心搏速亂了他調息吐納之功，白內障蒙了他眼觀四面的清明目光，珍珠瘤掩了他耳聽八方的靈敏動靜，帕金森症廢了他打椿

13　阿山仔：臺灣本省人稱外省人，通常是不禮貌或開玩笑的稱法。
14　番袟直：閩南語。表示不可理喻的意思。

使拳的身形，更糟的是，腎衰竭直搗五臟六腑，摧而毀之。就這樣內外夾攻之下，彷彿只是一夕之間，我爸，他老了，那速度之快，變化之巨，簡直讓我無法相信。好似昨兒個才厲聲教訓我「身子骨輕浮」、「沒半點神氣」，一邊神氣鼓盪演練著拳式的那個父親，今天猛[15]可成了舉步維艱、佝僂[16]喪氣、神情蕭索[17]、垂垂老矣的老人了。

　　那時我剛從金門退伍，進研究所念書，把父親接到臺北同住，白天母親照料父親一切瑣事，晚上則由我負責替父親洗澡、餵食、分藥，攙扶著在客廳走東走西，或用輪椅到樓下公園閒逛。大部分時間，我就坐在沙發上陪他玩推手[18]。父親手顫得凶，其實已經不太能正確感受我的發勁，推著推著，雙掌就自己解開了，露出一大片致命的破綻。這時候他會焦急地說：「啊，糟糕。」我便趁虛單掌長驅直入，笑道：「達陣[19]得分！」然後他就搖搖頭：「老了，老了，手都不聽使喚。」說這話的當頭，其實只有我知道箇中酸楚──熟習太極拳的人都知道，這推手不是定在沙發上頭練的，而是必須配合身形步法，利用全身皮膚觸覺和內體感受探知對方來勁大小、剛柔、虛實、長短、遲速和動向，施以四正手和四隅手[20]的適當反應，手動身轉，進退周旋，達到引勁落空、乘勢借力、以輕制重

15　猛：突然之間。
16　佝僂：腰部無法撐直，使背部往前彎曲的樣子。佝僂，音ㄎㄡˋ ㄌㄡˊ。
17　蕭索：衰頹的樣子。
18　推手：太極拳運動術語。雙方右手手腕相搭勢，在相互黏隨的運轉中使對方失去重心。也稱「太極對手」。
19　達陣：橄欖球運動術語。指比賽中，攻方球員將球傳送到守方的底線後，觸地得分。
20　四正手和四隅手：太極拳運動術語。與八卦的方位有關，指太極拳的手法和身體定位：四正手是身體正對前方，包括掤、捋、擠、按的動作；四隅手，是以身體的斜角為方向，包括采、挒、肘、靠的動作。

的目的——父親這哪是在跟我在練推手，不過玩玩而已，往昔練推手時，哪一回不是被父親約束纏繞、迴旋扭轉得東倒西歪，前仆後躓[21]，狼狽不堪得很，此時推玩之間，可沒想到竟推出一片感傷。

　　有時候，父親會自己從沙發上登起，想靠自個兒力量走進廁所方便，一不小心，就跟跟蹌蹌[22]倒栽地板，通常額頭、後腦勺或膝蓋會撞出大小不一的傷口，鮮血直流。我一聞撞擊聲便心知不妙，連忙倉皇奔出，趕緊扶好父親，熟練地包紮傷口。父親也不喊疼，只衝著我笑：「剛才那一招白蛇吐芯擺得還不錯吧！」又有時，我半夜尿急起來上廁所，發現他倒在走道上動彈不得已經好一段時間了，我拍醒他，凶他：「有包尿布，尿出來就好了啊！」他就會傻笑說：「這怎麼好意思！」「不然就叫我啊？」「那怎麼行，擾了你清夢，明兒個還要上課，沒精神。」接著又一派天真地說：「上得成廁所就上廁所，上不成我就躺在這兒，練練樁啊！」

　　父親病症日益沉重，又住進醫院。一天，我一早醒來，他也醒了，招呼著我說他要下床走走，我說不行，手上腿上各有傷口，醫生千萬囑咐不可輕舉妄動。他不聽我勸，右腳攀著扶欄，做勢就要翻身下床。我奈何不了他，只好扶他下床坐著，要他乖乖坐好一起看晨間新聞。他看了一會兒，忽然轉頭對說：「走，咱們父子倆再來打一回拳。」我說好啊，來練練推手吧。「不是，咱們到走道上演演太極拳！」我說不可以，你身子這麼虛弱，萬萬不

21　躓：因阻礙而跌倒。躓，音ㄓˋ。
22　跟跟蹌蹌：跌跌撞撞的樣子。跟蹌，音ㄌㄧㄤˋ、ㄑㄧㄤˋ。

行！我爸牛脾氣又上來了，挺直身子就要站起來，我又只好扶著他到走廊走走。他一到走廊，便伸直搖顫的雙手，開步紮樁。我一看這怎麼了得，趕緊在後頭抱住他，防著他又摔了下去，然後他便緩慢又辛苦地演了三式我從未見過的架子。我在背後抱著他，只覺這三式意境蕭索卻又生機蓬勃，彷彿山窮水盡又似柳暗花明，看似淡默渾沌卻又從容飽滿。就在我參悟不解的當下，右腿上一股熱流忽然漫上身來。我低頭一看，褲子竟染滿鮮血；再仔細一看，父親右股動脈正大量汩出鮮血，我揚聲大叫護士，連忙把父親扶上病床。趕來的護士急忙壓住傷口止血，重新上藥包紮，再放上沙包壓住傷口。妥當處理後，護士回過頭來不斷指責我說：「不是說過不可讓病人下床嗎？你不知道這樣很危險嗎？」我連聲道歉，護士才憤憤地離開，我回頭看父親，他又沉沉睡著了。父親這一睡，就再也沒能醒過來了。

　　入葬當天，大夥都散了，我一個人獨自留在五指山上，陪著父親。陽光清明，從墳地上望去，可以看見整個臺北盆地。左邊遠處海上的基隆嶼歷歷可見，四周青山，微風輕拂。我望著父親的墓碑，眼淚又不爭氣地掉下來。就在這個當頭，我不自覺地揮動起雙手，隨意周轉，任情擺架，不由自主地演起太極拳。這一刻我才恍然，父親曾說過的張式太極拳心法「身隨意轉，意動架成」，原是這般道理，而我流著淚有意而出的拳式，竟是招招不捨，式式想念。

▲查查看，說說看，寫下來：什麼是「內家拳」？什麼是「外家拳」？

四、運動小常識

　　蹲馬步可以帶動全身氣血循環，透過蹲、站的動作變化，可把氣血導引到腳底。現代人久坐不動、長時間盯著電腦用眼過度，而眼睛又與腎氣相關，常常蹲馬有助養生。據養生專家所言，每天蹲，只要感到大腿持續顫抖 15 秒，就足以達到養生效果。

五、賞析

　　本文發表於《中國時報》副刊時，作者正任教於臺北市中山女高。據說當時國文科辦公室每天都接獲無數讀者來電，這些讀者因文中情節而感動落淚，同時也極為仰慕張氏太極拳，是以欲尋作者切磋拳法。由此可見作者筆力精湛，所敘拳法栩栩如生，令讀者莫辨虛實；而文中所述親情，更是深動人心。

　　文中以太極拳為經，以時間為緯，敘寫作者童年到父親過世，父子倆人習拳練拳的種種情狀。小時候，父親的功夫精深，拳法變化精妙，深不可測；長大後，父親因年老而體力衰弱，百病纏身，在演示三式拳法後沉沉睡去不再甦醒。由盛而衰，生老病死，原是人生無可避免的宿命，在作者筆下，化為一幅幅父子相處畫面，勾勒出一場場人倫溫馨，也寄寓了人生無常的辛酸。作者善用層遞與對比，增添文章情致趣味，例如刻劃父親演練拳法，從田中，到池塘，到實戰對敵，作者逐步鋪陳拳法的精深奧妙。父親以老年瘦小的身軀輕易卸下海軍陸戰隊出身的壯碩青年的手臂。強負弱勝，對比之下，形象鮮明而生動。功力深厚、拳法高明的父親，與病後在臺北家中沙發與兒子練推手，醫院走廊上在兒子緊抱之下，勉力演示拳法的父親，前後映照，令人悲悽唏噓。

　　作者不論書寫父親演示蹲馬步姿勢或是解說太極拳要訣，都蘊含了許多生命智慧。例如：蹲馬步，股跨間須柔中帶勁，勁中夾柔；腳板要如千鈞頂，頂住全身；剛柔並濟、腳步踏穩、頂天立地，同時也是為人處世之道。文末，父親病重之於所演練三招拳法，「意境蕭索卻又生機蓬勃，……看似淡默渾沌卻又從容飽滿」似乎又帶有生而死、死而生、生生不息的象徵。文中所寫招招拳法，都可做為應世的哲學。

> ◎溫故知新：《莊子·養生主》有一段著名的「庖丁解牛」故事，其中的內容與意義為何？

（莊湞芬　編撰）

六、寫作小教室

　　作者父親太極拳功力深厚，最後卻被歲月這個對手輕易擊潰。文中運用對比手法，寄託人生無常的事理，也深刻呈顯作者對於父親衰病離世的哀痛情懷。請找出文中書寫父親的「強盛」到「衰頹」的文句，並說明此對比手法的作用。

「父親」的強盛	「父親」的衰弱
兩處文句前後對比，產生何種作用？	

七、檢索與思考

㈠「蹲馬步」是太極拳中最基礎的步驟。根據本文所述，蹲馬步的要訣是
　什麼？

㈡ 本文從作者小時學拳寫起，直到父親過世，以父親演示太極拳貫串全
　文。請找出作者書寫父親打拳地點與情況，加以統整，填寫於下列表格
　中。

時間	打拳地點	當時情況
小時候	水稻田	動作乾淨俐落如履平地，行雲流水，讓人簡直不敢置信。
作者學拳六年後		
作者高中時		
作者退伍後		
父親過世前夕		

㈢ 本文書寫太極拳的同時，也充分展現作者與父親之間的深厚情感。文中
　何處展現作者對父親的孝心？又何處展現父親對兒子的疼愛？請各舉一
　例說明。

附錄一　當文學遇上運動

李瑞騰

　　文學以文字作為表現媒介，寫作主體以我心和彼物對應，經體物而寫物，經感物而詠志，既呈現了物，也彰顯了為文之用心。這裡的物，是指視聽等感官可感的客觀存在，不只是一般實存的物體。

　　運動即身體之活動，有廣義與狹義之分。前者泛指一切之遊玩、遊戲或身體能力之比賽，包括競技運動、野外活動與健康活動等。後者一般指具遊戲性、競爭性、規則性的身體活動，特別講究運動員的優良風度，也包含自我完成、非競賽性的身體活動，如慢跑、登山等。

　　運動文學以運動為書寫對象，包含運動員、運動競賽、表現等，由於是以文字書寫，對應客觀存在，文字會組成不同文學形式，各種運動項目也會有其形式與內涵，因此運動文學也會有不同的類別，譬如說運動散文、運動小說、運動詩等。

　　臺灣的運動文學發展情況如何？我在撰寫本文之前上網蒐尋有關資料的過程中，發現一份「中文運動文學書單」，大部分都是翻譯書，不免感嘆；但看到在臺北市北投區的市圖清江分館曾辦過「運動文學主題書展」，高雄文學館曾辦過「棒球文學展」，表示社會還是有不少人關心運動文學的。看到臺中技術學院體育室從 2012 年起每年出版一本《運動文學》，裡面的作品是向學生徵稿的，主要是新詩和散文；看到南一中曾開設「運動文學」課程，頗受學生歡迎；也看到一些相關論述，其中包括研究生的學位論文。我因之而確認，運動文學這一文類，在運動普受關注的臺灣社會，發展的條件比我想像的還要好，值得加強推動的力道。

　　以下我擬就散文、小說和詩歌三類簡單作一些介紹。

　　先說運動散文。由於散文實用且靈活，書寫運動應該是很自然的事，我記得多年以前，長期在《聯合報‧副刊》寫「玻璃墊上」專欄

的著名作家何凡，就常寫國際棒球評論，出之以報章文體，寫的其實就是散文。

　　根據焦桐所述，他參與蕭蕭編《八十二年散文選》時建議加上一類「運動散文」（見《臺灣文學的街頭運動・運動文學》，臺北：時報，1998），被視為「運動散文」此一書寫類型在臺灣之源起，所選四篇分別是亮軒寫馬拉松、劉大任寫網球、劉克襄寫棒球、廖鴻基寫鏢丁挽（白皮旗魚）（海上捕魚，雖充滿動感，但顯非一般的運動）。

　　這幾篇作品都發表在《中國時報》的「人間副刊」，就像 1970、1980 年代力推報導文學一樣，「人間副刊」在 1990 年代之初力推運動文學，焦桐身在其間，會建議年度散文選標舉運動散文，甚至親撰〈運動文學〉一文參加研討會，是可以理解的。

　　這顯然是時潮，在 1990 年代，麥田一口氣出版了五十多本運動書，其中包括劉大任、唐諾等人重要的運動文學專書。

　　跨世紀以來，詹偉雄結集自「人間副刊」的「三少四壯」專欄文章的《球手之美學──運動的 52 個文學視角》（臺北：遠流，2006）、方祖涵《關於運動，我想的其實是……》（臺北：遠流，2015）、徐望雲《絕殺 NBA──徐望雲運動文學集》（臺北：獨立作家，2015）等書，宣告運動散文專業寫作時代的來臨。

　　再說運動小說。

　　我最早讀到與運動有關的小說，應該是 1960 年代初禹其民所寫的《籃球・情人・夢》，但它其實是校園愛情小說，1980 年代中影曾改編拍成電影；接著就是小野的棒球小說〈封殺〉了，這篇榮獲 1977 年第二屆聯合報小說獎的得獎作品，堪稱小野的代表作，寫一位少棒強打者朱進財在一次關鍵比賽中揮棒的過程，他不自覺被捲入一場大人的賭局中，其中還包含他那嗜賭的父親，衝突性很強，深具醒世意味。

　　臺灣的棒球小說已有它的演變史，小野算是開風氣之先。徐錦成所編《打擊線上──台灣棒球小說風雲》（九歌，2013。由 2005 年《臺灣棒球小說大展》增訂）收十四位臺灣小說家：小野、李潼、廖咸浩、郭箏、金光裕、林宜澐、劉克襄、張啓疆、侯文詠、楊照、吳明益、王聰威、朱宥勳、朱宥任的作品，可以說是集大成的棒球小說專集。

　　徐錦成另著有《運動文學論集》（高雄：春暉，2012），裡面有

四篇運動小說論，他所討論的作品，有不少少年小說，包括陳肇宜、李潼、侯文詠、黃秋芳、廖炳焜、王文美等，這當然有其關聯，卻也告訴我們，將更多元複雜的因素擺進來，如社團、球團、教練及諸多利益勢力等，運動小說可開發的空間很大。

　　至於詩歌，我想應該有不少。上個月出版的《吹鼓吹詩論壇》32 期就是「文字有氧，筋肉魂靈──運動詩專輯」，收入莫渝、方群、紀小樣等三十餘位詩人的作品，涉及的運動有游泳、舉重、健身、高爾夫、空手道、棒球、馬拉松、瑜伽、登山、籃球、跳水等，〈編輯室報告〉中說，這些運動詩「字句展現優美肌理線條，每一首都搶著當本期的極限體能王」。

　　我在 1980 年寫〈詩人的時空感知──論余光中近十年來的詩藝表現〉時，就曾舉他的〈撐桿跳選手〉論其「空間景象的呈現」。當時我並沒意識到「運動詩」，後來陳幸蕙寫賞析余光中詩，就用了「運動詩、體育詩」，徐錦成在前揭書中有一篇〈論余光中的運動詩〉，討論了十首，「共涉及六種運動：撐竿跳、瑜伽、長跑、花式溜冰、跳水及高爾夫球」。

　　焦桐在〈運動文學〉中提到林華洲〈少棒〉、羅葉〈在棒球場〉、劉克襄〈棒球童年〉。如能全面清理，編一本「臺灣運動詩選」，應該是一件有意義的事。

　　前述《吹鼓吹詩論壇》所以製作「運動詩專輯」，顯然和臺北市風光舉辦的 2017 世界大學運動會有關；而在 2018 的全大運來臨之前，我們再度想到文學，它可以記錄運動、反思體能，這是文學之用的契機，當然也是考驗；我們想到奔馳、躍動於賽場上的青春身體，我們有能力驅遣文字，寫下那速度、那力量、那美感嗎？

李瑞騰

　　1952 年生，中國文化大學中國文學研究所博士。曾任教於私立淡江大學、國立中央大學，擔任國立中央大學中國文學系教授兼主任、圖書館館長、文學院院長、出版中心總編輯；其間，於 2010 年起借調擔任國立臺灣文學館館長四年。

　　他長期關注世界華人文學發展，並著力於推動文藝公共事務，也先後擔任《商工日報・副刊》主編、《文訊》雜誌總編輯、《臺灣文學觀察》雜誌發行人兼總編輯、《臺灣詩學》季刊社社長、九歌文教基金會董事長，以及中國古典文學研究會理事長、中國現代文學學會理事長。著作有論述《臺灣文學風貌》、《文學關懷》、《文學尖端對話》、《文學的出路》、《晚清文學思想論》、《老殘夢與愛》、《新詩學》等，及散文集《有風就要停》、詩集《在中央》、《牧子詩抄》等。

附錄二　籃球運動書寫與運動文化

詹紹廷

　　關於「運動書寫」，在相關的論壇中曾有稱為「運動散文」與「運動文學」的出現。在 1994 年出版之《八十二年散文選》中，曾以「運動散文」為篇名，選入亮軒〈卒子過河計〉、劉大任〈強悍而美麗〉、廖鴻基〈丁挽〉與劉克襄〈站在火山口〉作家作品，作為散文的新面目。

　　在他們之外，唐諾、楊照、徐望雲、張啓疆、周力強等作家，也陸陸續續讓運動散文有所突破。作家焦桐也曾為運動文學下定義：「泛指以體育活動為書寫對象的文學創作，包括觀看他人的體育競賽，和自己身體力行的運動。」不過，焦桐自己也說到，假設以這樣書寫題材的作品該如何判定它就是屬於文學，或是否具備文學的性質？而文學的定義可分為廣義與狹義，廣義意指一切文字皆為文學，狹義則是作者透過文字藉此抒發自身情感，或具有藝術妝飾的表示。焦桐也暫時把「運動文學」稱為「運動書寫」。

　　在「運動書寫」上，我們給予的想像更為廣泛，甚至也少了需要背負文學的負擔。與運動有關的書寫，可以是任何體育活動、運動人物、運動經驗及相關運動的事物，所以在這裡筆者以「運動書寫」作為出發點與尋找題材。

一、運動書寫的結構與運動文化

　　以結構分析法而言，是把「文化」看作是一種自身有特殊結構的體系，認為文化是某一系統的有機組合。美國著名的社會學家 Talcott Parsons 把文化看成是一個體現價值和規範的象徵體系，他指出：「我們把文化體系看成是複合的、內部有所區別的體系。」按照任何一種行為體系的四個根本職能劃分表，依如下四個範疇：知識的象徵、道德評價象徵、表情和制度性象徵對它進行分析。

　　透過這樣實質上的從真（知識）、善（價值）、美（表情和制度）的角度去觀察文化和文化結構，方法的抽象程度高、富含理性和具體意義、且深入到文化的內部，可以看到運動與作家的寫作觀點融合到我們文化當中，並可看見所追求的意識形態、情感、意念等層面。

　　一般而言，結構主義者認為，人們平常所知覺到的各種文化現象，在社會、歷史、文學當中，表面上是雜亂無章、毫無秩序的，但是在這些不穩定的表面下，卻具有普遍的意義，透過結構分析，將其揭露出來。

　　在體育文化研究專書《體育文化學概論》裡提到：「對於體育的文化性、以及體育與文學、音樂、美術、雕塑、歌曲、電影、電視劇等有相關論述，但只有少量的實質研究，一些以體育為題材的文藝作品，在質與量上都沒有提升。」這可以說是體育文化研究領域的缺憾。

　　從上述幾個例子可知，無論體育是與何種形式的文化活動相結合，最終都會形成自己的結構。此外，國外與國內的體育相關研究，仍停留於表面及表層的敘述及資料介紹，尚無進一步深入研究的成果，使得運動的文化與文藝層面，相較其他研究領域，可以說仍屬於蕭條不振的局面。

二、運動書寫的結構與文藝觀點

　　以體育文化而言，可以說是人類圍繞體育、或依託體育而改造主觀世界的活動方式、及其全部產物，此亦是和觀念文化密不可分的。

　　以體育精神文化的「外在形態」而言，如：體育史、體育哲學、體育新聞等書面的文化體現皆是。像圍繞體育改造人的精神世界的各種的物質及設施條件，如：體育服飾、體育語言、體育教育、體育獎勵等行為文化，都屬之。

　　而體育精神文化的「內在形態」如：聲音、色彩、造型等，可以表現體育精神文化，如：體育文學、體育郵票、體育歌曲等。而所謂體育藝術文化的體現，則是依託體育改造人的主觀世界的各種想法，如：體育道德、體育人格、體育理想等心理文化體現。

　　以上這些屬於體育文化的例子，不僅與生活關係密不可分，也是

聯結所有運動書寫題材的材料，不管是外在文化或內在文化，接收到體育的訊息裡，便決定運動書寫結構的本質，而接收的過程，隨著時間進行，便形成不同樣貌的發展，而各種運動作品對於不同讀者也將產生各種不同的影響作用。

在閱讀一篇作品時，有幾項要點；了解一、作者；二、作者本身的感官世界（人、事件、物象）；三、作品；四、閱讀的讀者；五、作者的表達方式、作品的呈現方式、讀者所依賴來了解作品的語言領域（包括文化歷史要素）。在結構主義方法論中，研究者的任務、現象中的個別元素，都可以根據它與個別元素相對的關係，找出其意義，並突顯關係間的穩定性與不變性，證明各種元素的功能。

結構主義對文藝的重大影響，在歷史上主要有兩個重大原因：

㈠ 結構主義孕育和產生的緣由，很重視對語言和神話的分析，這是結構主義許多基本觀點和基本方法與文學藝術有密切的關聯。

㈡ 結構主義的內容曾經對西方文學藝術有深遠的影響，這當中與佛洛伊德精神分析學有密切的關係，受到這些精神分析學影響，西方現代文藝派別，例如超現實主義派、現象派、象徵派、意象派、抽象派、表現主義等等，都容易受到結構主義的文藝觀點影響。

對於文藝作品的結構進行分析，是揭示作品的結構及其與人類心理的關係、以及作品結構中所蘊含的文藝價值。而這些方法，不全然是由結構主義之父李維史陀所創，就李維史陀的觀點，對文藝作品的結構分析，並不是形式主義的分析，也並非剖析作品的外表結構，而是找出其內在結構，並探索這一結構所隱含的價值與意義。

文藝作品是人所生產的產物，因此，在文藝作品中就必須傾注作者的理性能力，這種理性的能力不是純粹表現在作品的形式，而是體現在作品的結構當中，襯托出作品具體內涵的內容，最後構成完整的作品。

文藝作品的結構，體現了人的理性、人先天的組織能力，當一個作家想像一個主題，所呈現的內容甚至是人物，他們都不知不覺按照了自己腦中的先天模式，而在實際創作中，因為受到種種客觀因素的干擾，例如可能訴諸過多的理性，訴諸過多的邏輯，以他認為「合理的」標準來安排種種情節，結果不能使自己真正做到自由想像，反而對創作造成影響，這就是一個人主觀的「偏見」。

　　而結構分析認為文藝作品的價值在於可以體現出經驗與心境，文藝作品是一種符號，是表達人類思想與訊息的手段，結構分析的任務，就是揭示作品內在結構所隱含的訊息。

　　結構分析在研究同一種系統內的種種因素時，按他們的變化找尋適當的組合模式，探究期間的關聯。把這樣的基本觀念應用在散文與小說，便產生結構分析於文藝作品的三項原則：

㈠ 一個作品的意義由作品本身結構決定，不是取決於外在因素。

㈡ 作品結構是一個內在結構，是作者創作思路的原型，也是人類心靈模型的一個重要表現；作品的結構是表現一般人的心靈模式，是分析該作品的水平及作者表達的標識。

㈢ 結構分析可以使作品與批評家之間產生時間上的距離，從而可以發現作品的新意義。

　　結構分析的任務，就是說明其中各種因素相互的關係與轉化，而不是直接地評論作品意義，作品的意義是結構分析的結果，而不是結構分析的出發點。在作品裡發現的結構及其表達的訊息，不一定是作者本身在創作過程中所意識到的，甚至表達出來不是作者預期到的效果，所以這樣的「訊息」，不是作者一個人的思維產物，而是讀到作品的群眾，透過該作者的心靈，在作者無意識之下所表現出來的、被讀者所掌握訊息。

詹紹廷

　　1989年生，畢業於臺東大學體育系研究所，學會騎腳踏車開始也學會打球。學生時代起把打球視為專長，長大後卻發現只能把打球跟寫作一樣當作是興趣。參加過的文學獎是運動競賽的萬分之一，那之一、也是唯一是高中時被迫繳交一篇作品當成寒假作業，因而「撿到」校內新詩組的文學獎。這是人生路上首次與文學兩個字有過的擦邊球。

　　在二十七歲前給自己的人生定義是：不是運動員的運動員，並且憑著這股信念想辦法要養活自己。

國家圖書館出版品預行編目資料

體育班的語文教室：運動文學選／鍾宗憲主
編. -- 初版. -- 臺北市：五南, 2020.09
　　面；　公分
　ISBN 978-986-522-157-7（平裝）

1.運動　2.體育　3.休閒活動　4.文集

528.907　　　　　　　　　109010792

1XGF 國文系列

體育班的語文教室
運動文學選

主　　　編 — 鍾宗憲

編　　　撰 — 林曉薇、范曉雯、莊金鳳、莊湞芬、蘇于庭

發 行 人 — 楊榮川

總 經 理 — 楊士清

總 編 輯 — 楊秀麗

副總編輯 — 黃惠娟

責任編輯 — 高雅婷

校　　 對 — 謝怡婷

封面設計 — 韓大非

出 版 者 — 五南圖書出版股份有限公司

地　　　址：106台北市大安區和平東路二段339號4樓

電　　　話：(02)2705-5066　　傳　　真：(02)2706-6100

網　　　址：http://www.wunan.com.tw

電子郵件：wunan@wunan.com.tw

劃撥帳號：01068953

戶　　　名：五南圖書出版股份有限公司

法律顧問　林勝安律師事務所　林勝安律師

出版日期　2020年9月初版一刷

定　　　價　新臺幣340元

經典永恆・名著常在

五十週年的獻禮 —— 經典名著文庫

五南，五十年了，半個世紀，人生旅程的一大半，走過來了。

思索著，邁向百年的未來歷程，能為知識界、文化學術界作些什麼？

在速食文化的生態下，有什麼值得讓人雋永品味的？

歷代經典・當今名著，經過時間的洗禮，千錘百鍊，流傳至今，光芒耀人；

不僅使我們能領悟前人的智慧，同時也增深加廣我們思考的深度與視野。

我們決心投入巨資，有計畫的系統梳選，成立「經典名著文庫」，

希望收入古今中外思想性的、充滿睿智與獨見的經典、名著。

這是一項理想性的、永續性的巨大出版工程。

不在意讀者的眾寡，只考慮它的學術價值，力求完整展現先哲思想的軌跡；

為知識界開啟一片智慧之窗，營造一座百花綻放的世界文明公園，

任君遨遊、取菁吸蜜、嘉惠學子！